평양장로회신학교 제1회 졸업생

장로교 최초 목사 7인 리더십

김수진·차종순·정성한
임희국·탁지일 지음

쿰란출판사

뒷줄 왼쪽부터 방기창 서경조 양전백, 앞줄 왼쪽부터 한석진 이기풍 길선주 송인서

| 발간사 |

총회역사위원장 **이만규 목사**

목회에서 가장 중요한 것은 목회자의 리더십입니다. 목사는 목회 기술자가 아니라 목자이어야 하고 지배자가 아니라 지도자이어야 하기 때문입니다. 목회뿐 아니라 모든 일이 다 그렇겠지만 특히 목회에 있어서 가장 중요한 것이 리더십입니다. 목회는 테크닉으로 하는 것이 아닙니다. 기도 많이 하고 설교 잘하고 심방 잘하고 상담 잘하는 목회적 기능만으로는 좋은 목회자가 될 수 없습니다. 교회를 이끌어갈 영적 지도력이 중요합니다.

작금의 여러 교회들이 겪는 갈등의 상당 부분은 목회자의 기능 부족 때문이라기보다는 리더십의 부족에 기인함을 볼 수 있습니다. 그래서 관계의 문제가 생기고 사역의 차질을 가져오고 목회가 힘들어지고 교회가 분열됩니다. 목회의 문제는 기능의 문제가 아니라 관계의 문제이고 리더십의 문제입니다.

그런데 오늘 우리 목회자들은 이 리더십을 배우고 훈련할 기회가 없다는 것이 문제입니다. 곧 목회 훈련의 기회가 없다는 것입니다. 목회자가 되기 위한 신대원 3년은 순수학문을 하기에도 부족한 시간

장로교 최초 목사 7인 리더십

들이고 신학생 신분으로 파트타임으로 담당하는 교회 현장의 목회 실습 역시 한 부서에 국한되어 있습니다. 몇 년의 부교역자 생활 역시 담임목사를 보조하는 정도에 그칠 뿐입니다. 그래서 교회 메커니즘을 이해하고 전체를 보고 교회를 이끌어갈 지도력 훈련의 기회 없이 교회를 담임하고 목회를 하게 되기 때문에 목회 현장에 끊임없는 갈등이 생기고 어려움에 시달리게 됩니다.

우리 목회자들에게 가장 취약한 것이 바로 이 목회 훈련의 기회입니다. 목회자들의 수많은 시행착오와 실패는 이 훈련 기회를 갖지 못함에서 오는 폐해입니다.

그리고 더 큰 문제는 우리 한국교회는 목회자들의 목회를 지도, 감독하고 도와 줄 어떤 시스템을 갖고 있지 못하다는 것입니다. 노회나 총회가 담당할 부분이기도 하지만 노회나 총회가 다 정치기관이 되어 버린 우리의 현실은 목회를 지도하는 기능을 잃어버렸습니다. 그래서 목회자들이 목회를 바로하고 있는지 헛수고하는지 자신의 목회를 슈퍼비전(supervision) 받을 슈퍼바이저(supervisor) 가 없습니다. 주위에는 모두가 다 경쟁자들뿐이고 못한다고 비난하는 사람들은 있지만 진심으로 돕고 협력해 줄 사람이나 어떤 구조가 없습니다.

결국은 목회자들이 자신의 목회를 평가하고 스스로 교정하여 정도를 지켜나갈 표준이 없이 자기 소견에 따라 목회를 합니다. 목회자 개인의 능력이나 성향에 전적으로 의존할 수밖에 없습니다. 목회의 본질보다는 방법을 찾고, 원리보다는 수단을 찾기에 급급합니다. 여기저기 수단(프로그램)을 찾아 방황하다가 길을 잃어버리는 경우를

| 발간사 |

많이 봅니다. 한마디로 말해서 오늘 목회자들의 문제는 악(惡)함의 문제가 아니라 약(弱)함의 문제입니다.

그런 때에 우리 총회역사위원회가 초대교회 일곱 목사들의 리더십을 연구하고 교훈으로 삼고자 하는 시도는 참으로 시의적절한 발상이고 또 연구자들의 성실한 연구는 우리 목회자들에게 실제적으로 큰 도움이 됩니다. 신명기 32장 7절에서는 "옛날을 기억하라 역대의 연대를 생각하라 네 아버지에게 물으라 그가 네게 설명할 것이요 네 어른들에게 물으라 그들이 네게 말하리로다"라고 말씀합니다. 과거에서 교훈을 받으라는 것입니다. 과거는 단순히 흘러간 시간들이 아니라 하나님의 역사 운행의 발자취이고 사역의 산물이기 때문입니다. 과거를 정복한 사람이 현재를 정복하고 현재를 정복한 사람이 미래를 정복한다는 말의 의미가 바로 그런 것입니다.

우리가 과거를 돌아보는 것은 과거를 알기 위함이기보다는 미래를 알기 위함입니다. 역사 연구는 옛날에 무엇을 했는가를 알기 위함이 아니라 지금 우리가 어떻게 해야 하고 앞으로 우리가 어떤 길을 걸어가야 할 것인가를 배우기 위함입니다. 그래서 역사 연구는 과거를 배우는 것이 아니라 미래를 배우는 것입니다.

그런 의미에서 초대교회 일곱 목사의 리더십을 연구하는 것은 단순히 그들이 어떤 사람이었는가를 아는 전기(傳記) 연구가 아니라 우리가 어떻게 목회해야 하고 많은 문제로 몸살을 앓고 있는 한국교회를 어떻게 이끌어갈 것인가 하는 해법을 찾기 위한 것입니다.

무엇보다 우리 한국교회가 감사한 것은 이토록 자랑스러운 목회

장로교 최초 목사 7인 리더십

의 선배가 있었다는 것입니다. 길을 물어볼 존경스러운 선배가 있다는 것입니다. 물어볼 어른들이 있다는 것은 참으로 다행스러운 일이 아닐 수 없습니다. 그들은 실로 하나님이 사용하신 신실한 종들이었고 탁월한 목회자들이었습니다. 일곱 분 한 분 한 분이 다 훌륭하고 본받을 만한 목회자였습니다. 개인들의 훌륭함은 물론 하나님이 우리 한국교회를 든든히 세우기 위하여 그들을 훌륭하게 사용하셨습니다. 그들의 리더십을 배우면서 우리의 오늘을 알고 우리의 내일을 열어갈 해법을 찾을 실마리를 얻습니다.

감사한 것은 연구를 담당한 분들의 성실함입니다. 충분한 연구비를 드리지 못했음에도 불구하고 한국교회를 세운다는 사명감으로 이 연구를 담당해 주신 연구자들을 치하드립니다.

특히 이 연구서 출판의 책임을 맡아 주신 임희국 교수에게 감사를 드립니다. 임희국 교수는 우리 역사위원회의 든든한 학문적 후견인인 동시에 실제적 책임자이기도 합니다. 그리고 이 책을 기꺼이 출판해 주신 쿰란출판사 이형규 장로에게도 감사를 드립니다. 이 일을 위하여 실제적 도움과 헌신으로 함께한 총회역사위원회 모든 위원들과 전문위원들에게도 감사를 드립니다. 실무 책임을 맡아 작은 것 하나도 놓치지 않고 일을 만들어 가는 홍상범 목사에게도 감사를 드립니다. 우리의 작은 헌신으로 한국교회를 크게 세울 것을 기대하며 이 책을 세상에 내놓습니다.

2010년 8월 20일

| 목차 |

발간사 • 2

1. 방기창 목사의 목회 리더십 _탁지일 교수(부산장신대) • 9
   복음적 원칙주의자, 실천적 복음주의자 방기창 목사

2. 서경조 목사의 목회 리더십 _차종순 총장(호남신대) • 26
   서경조를 필두로 서씨와 김씨 양가문을 중심으로
   소래교회 초기 출신들의 이야기

3. 송인서 목사의 목회 리더십 _정성한 교수(영남신대) • 51
   송인서 목사의 목회적 삶 : 복음전도와 교회개척

4. 양전백 목사의 목회 리더십 _임희국 교수(장신대) • 71
   참 하나님의 사람 양전백

5. 논찬 · 총평 _강치원 교수(안양대) • 99
   방기창, 서경조, 송인서, 양전백 목사 논찬 · 총평

장로교 최초 목사 7인 **리더십**

6. 이기풍 목사의 목회 리더십 _차종순 총장(호남신대) • 110
   이기풍 목사의 목회관

7. 길선주 목사의 목회 리더십 _김수진 목사(한국교회역사연구원장) • 121
   기도로 목회의 승부를 건 길선주 목사

8. 한석진 목사의 목회 리더십 _정성한 교수(영남신대) • 153
   한석진 목사의 목회 지도력

9. 논찬 · 총평 _유경재 목사(안동교회 원로) • 181
   이기풍, 길선주, 한석진 목사의 목회 리더십의 특징과 오늘의 교회

장로교 최초 목사 7인 리더십

탁지일 교수(부산장신대)

1. 방기창 목사의 목회 리더십

복음적 원칙주의자, 실천적 민족주의자 방기창 목사

방기창

방기창(邦基昌, 1851-1911) 목사에 대한 연구의 어려움은 자료 부족에 있다. 대부분의 한국교회사 서술에는 방기창이 한국 장로교 최초 목사 7인 들 중 한 사람이라는 단편적인 정보가 주로 눈에 띈다. 혹은 동학 접주에서 목사가 되었다는 그의 특별한 이력에 대한 언급이 간혹 발견되기도 한다. 이렇듯 자료가 부족한 이유는 아마도 방기창의 아들인 방화중이 1903년 미국으로 건너가 그곳에서 삶을 마친 까닭인지도 모른다.[1] 다행히 다음에 언급된 자료들이 방기창 연구에 중요한 단서들을 제공해 준다.

(1) 캐나다 선교사 제임스 게일(James Scarth Gale, 1863-1937)의 *The Vanguard: A Tale of Korea*에 동학 접주로서의 방기창의 활동과 기독교로의 개종 이유가 소상히 기록되어 있다.[2]

(2) 1909년 평양에서 열린 미국 장로교의 한국선교에 대한 연례회의(Annual Meeting of the Korea Mission of the Presbyterian Church in the U.S.A.)에서 발표된 글들이 게재된 *Quarto Centennial*을 통해 조사, 장로, 목사로서의 방기창의 역할을 짐작해 볼 수 있다.[3]

(3) 제1회 〈평남로회 회록〉에 수록된 길선주와 이기풍의 방기창에 대한 추모사에서 방기창의 자세한 이력을 확인할 수 있다.[4]

(4) 선행 연구로는 이덕주의 "동학 접주 출신 장로교 최초 목사"가 관련 연구에 많은 도움을 준다.[5]

---

1) 방화중이 1906년 설립하고 전도사로 사역한 나성한인연합장로교회(Korea United Presbyterian Church of Los Angeles)에 방기창 관련 자료에 대해 문의했으나 찾을 수 없었다. 하지만 《라성한인연합장로교회70년사》에는 방화중에 대해서 소상히 기록되어 있다. 라성한인연합장로교회, 《라성한인연합장로교회70년사》 (로스안젤레스: 라성한인연합장로교회, 1976), pp. 33-35.
2) James Gale, *The Vanguard: A Tale of Korea* (New York: F.H. Revell, 1904), pp. 32-37.
3) *Quarto Centennial*, Papers read before the Korea Mission of the Presbyterian Church in the U.S.A. at the Annual Meeting in Pyeng Yang (August 27, 1909), pp. 32-33.
4) 《평남로회 회록》(평양: 야소교 선교원, 1912), pp. 4-8. 평남노회록은 노회 소속 교회들의 목회와 사무를 시찰한 시찰위원장의 보고를 중심으로 기록되어 있다.
5) 이덕주, "동학 접주 출신 장로교 최초 목사" 《새로 쓴 한국 그리스도인들의 개종 이야기》 (서울: 한국기독교역사연구소, 2003), pp. 285-295. 2009년 12월 16일 연구자에게 보낸 이메일 답변에서, 이덕주도 방기창에 대한 연구 자료의 부족에 대해 언급한다.

(5) 방기창의 시대적 배경에 관한 연구로는, 그가 기독교로 개종한 1893년 전후의 활동이 주로 황해도 인근 지역에서 이루어진 것을 고려할 때, 1894-1895년까지 황해도 소래교회에서 사역했던 캐나다 선교사 윌리엄 매켄지(William John McKenzie, 1861~1895)의 *A Corn of Wheat: The Life of Rev. W. J. McKenzie of Korea*가 초기 기독교 공동체와 동학과의 긴장관계를 비교적 상세하게 전해주고 있다.6)

본 연구의 목적은 방기창 목사의 삶과 신앙에 대한 역사적 접근(historical approach)을 통해 그의 목회 리더십을 연구하는 것이다. 이를 위해 앞에 언급한 자료들을 중심으로, 첫째, 봉건사회의 리더인 '양반 방기창', 둘째, 구한말 민족운동의 리더인 '동학 접주 방기창', 그리고 마지막으로, 한국교회의 첫 리더인 '목회자 방기창'을 연구하려고 한다. 본 연구를 통해서 재구성된 방기창의 삶과 신앙이 21세기 한국교회 목회 리더십에 주는 의미를 찾아보고자 한다.

1. 양반 방기창(1851-1883), 봉건사회의 리더

1912년 1월 29일 평양에서 열린 평남노회의 《평남로회 회록》

---

6) Elizabeth A. McCully, *A Corn of Wheat: The Life of Rev. W. J. McKenzie of Korea* (Toronto: Westminster Co., 1903). 매켄지는 *Korea Repository*에 게재된 "Seven Months among the Tong Haks"(June 1895)라는 글에서 그가 겪은 동학농민전쟁에 대해 자세히 증언한다.

에 따르면, 방기창은 "구주 강생 일천팔백오십일년 음 칠월 십륙일에 황해도 신천군 어로면 도촌에서 생(生)하고 팔 세에 사숙에 입학하여 구년을 수업하고 이십이 세에 사숙 교사로 삼 년을 교수하고, 이십팔 세에 본면 유사로 피선"되었다고 기록되어 있다.7)

서당의 한 유형인 사숙(私塾)은 유력한 양반들이 자제 교육을 위해 훈장을 모시고 교육 비용을 부담한 교육기관이다. 방기창이 8세에 입학해서 9년을 수업했다는 사실에서 그가 양반집 자제임을 알 수 있으며, 또한 22세에 3년간 사숙 교사로 있었다는 것은 유학자로서의 그의 배움을 짐작하게 해준다. 그리고 28세에 향교나 서원에서 실무적인 책임을 맡았던 유사(有司) 직책을 수행한 것을 보면 그가 양반으로서의 영향력을 가진 사회 지도층에 속해 있었던 것을 알 수 있다.

하지만 방기창은 1883년 서학(西學)에 대응하여 보국안민(輔國安民)의 도(道)를 설파하던 동학(東學)에 주도적으로 참여하게 되었고, 이때부터 방기창은 봉건사회의 리더인 양반에서 민족운동의 리더인 동학교도로서의 삶을 살기 시작한다.

2. 동학 접주 방기창(1883~1893), 민족운동의 리더

《평남로회 회록》은 방기창이 "삼십이 세에 동도 접주(接主) 직분을 하고, 동년 시월에 오읍도령장(五邑都令長)"이 되었다고 그의 동학 지도자로서의 이력을 기록하고 있다.

---

7) 《평남로회 회록》, p. 6.

접주는 각 지역의 동학교도들을 통솔하는 책임자였다. 동학의 창시자 최제우(崔濟愚, 1824-1864)는 동학의 교세가 늘어나게 되자 각 지역의 동학교도들을 관리하는 조직으로 접주제도(接主制度)를 만든다. 이 제도는 각 지역의 포교소인 접소(接所)와 그 책임자인 접주를 두고, 동학의 포교활동을 담당하게 했다. 100여 명 이상에게 포교한 사람이 접주가 될 수 있었는데, 방기창의 직책이 바로 접주였다.

방기창의 주된 활동 지역이었던 평안도와 황해도의 서북지역에도 많은 동학교도들이 있었다. 1894~1895년까지 황해도 장연 소래교회에서 사역하던 캐나다 선교사 윌리엄 매켄지의 보고서에는 "동학군이 이곳에 만연합니다. 소래 윗마을에 20명, 이웃 마을에 또 20명이 있습니다"라는 언급이 보인다.[8] 동학교도들로 인한 신변의 위협을 느끼면서도, 매켄지는 "예수 교리와 동학은 유사성이 있어 우리는 아무런 공포심도 없다"고 긍정적으로 상황을 바라보면서, 다음의 일화를 전한다.[9]

> 교인 중 어떤 이(서경조)가 야밤을 틈타 동학군의 지도자가 된 옛 친구를 만나러 갔습니다. 그는 그 지도자가 신약성경을 소지하고 있는 것을 보고 깜짝 놀랐습니다. 그는 대화 중 예수님의 말씀을 인용하기 시작했습니다. 그를 찾아가 서 씨는 그 동학 지도자가 인용한 성경

---

8) 엘리자베스 매컬리, 유영식 역 《케이프브레튼에서 소래까지: 윌리엄 존 매켄지 선교사의 생애와 황해도 선교기》, (서울: 대한기독교서회, 2002), p. 141. 이 책은 *A Corn of Wheat: The Life of Rev. W. J. McKenzie of Korea*를 번역한 것이다.
9) 같은 책, p. 147.

구절이 지니고 있는 깊은 영적인 의미를 그에게 설명해 주었습니다. 서 씨는 또한 하나님의 아들 예수를 통하여 이루어진 구원에 대하여도 설명해 주었으며……. 그들은 밤새도록 대화를 나누었습니다. 결국 그 동학군 지도자는 서 씨에게 그의 가르침에 대한 감사를 표하고, 우리들을 보호해 주기로 약속했으며, 그런 취지의 편지도 한 장 써주었습니다.[10]

매켄지는 동학 교리에 대해 호기심을 보이면서 "동학의 가르침 속에는 기독교적인 요소가 많이 들어 있습니다. 한 가지 좋은 특징은 그들이 신약성경을 소유하고 있다는 사실입니다. 그들이 성서를 소유하고 있는 점은 주께서 재림하시기 전에 예수에 대한 지식을 세상에 전파하는 일을 더욱 촉진시키는 결과가 될 수 있을지도 모릅니다"라는 견해를 피력한다.[11]

실제로 1895년 한국 최초의 소래교회를 건축하는데 "2-3명의 동학군이 300량, 그들 중에 한 동학군의 아내가 50량, 그리고 동학군의 지휘관이 500량을 기부"하고 "4-5명의 동학군 지도자들이 예배에 출석"하는 놀라운 일을 목격한 후 매켄지는 그의 생각을 더욱 확고히 굳게 된다.[12] 이런 일이 가능했던 것은, 소래교회의 신앙인들이 '배타적인 교리'가 아니라 '신실한 삶'으로 이웃들에게 다가갔기 때문이었다. 조선의 첫 신앙인들은 서학에 반감을 가지고 있는 동학교도들에게도 존중을 받았던 것이다.

---

10) 같은 책, p. 151.
11) 같은 책, p. 155.
12) 같은 책, p. 133.

황해도에서 활동하던 동학 접주 방기창도 기독교에 대한 이러한 이야기들을 들었을 개연성이 충분하다. 그가 살았던 황해도 신천(信川)과 소래교회가 있었던 장연(長淵)은 그리 멀리 떨어져 있지 않았다.

동학 지도자로서의 방기창의 삶은 총포를 앞세운 관군(官軍)의 공격으로 인해 중단된다. 방기창과 그의 동료들에게 닥친 위기의 순간을 게일은 *The Vanguard: A Tale of Korea*에서 다음과 같이 묘사한다.

> 황해도의 외진 한 마을에 동학군들이 자신들의 의식을 치르기 위해 모였다. 이미 이들의 반수 이상이 관군들에게 죽임을 당하거나 흩어진 상태였다. 이들은 자신들이 총에 맞아도 죽지 않는다고 믿으며, 열정적으로 춤을 추며 주문을 외웠다. 하지만 관군의 총성이 울리기 시작하자 이런 것들이 아무런 소용이 없음을 알았다……많은 이들이 체포되어 5마일 떨어진 곳에 있는 관아(官衙)에 갇혔다. 접주 방 씨(방기창)는 '이제 바랄 것은 중국의 도움' 뿐이며 '이를 위해 내일 길을 나설 것이고, 신들의 도움으로 결국은 승리할 것' 이라고 말했다. 그러자 이들은 방 안에서 뛰며 신들의 도움을 간구했다.[13]

하지만 정작 방기창 자신은 승리에 대한 확신이 없었다. 관군들의 강력한 총포의 위력으로 동료들이 죽거나 부상하는 것을 직접 목격한 후, 총알을 맞아도 죽지 않는다는 믿음이 이미 사라졌던

---

13) James Gale, *The Vanguard: A Tale of Korea*, pp. 32-33.

것이다. 불안한 방기창은 중국 군대의 힘과 신들의 도움을 받아 승리할 수 있다고 동료들을 설득한 후, 중국에 원병을 요청하러 간다는 명분을 가지고 길을 떠난다.

> 방 씨는 중국 군대를 데려올 수 있다고 동료들과 가족을 설득한 후, 약간의 여비를 가지고 몸종과 함께 황해도 북쪽으로 떠났다. 하지만 실제로 그는 강원도로 가서 숨어 있을 계획이었다. 그런데 돈이 떨어지게 되자 방 씨는 더욱 불안해졌다.[14]

가야 할 곳도 막막하고, 여비도 부족했던 방기창은 먹지 않고도 살 수 있는 벽곡(辟穀)이란 도법(道法)을 떠올리게 되었고, 이를 터득하기 위해 새로운 도(道)를 익히고 있다는 그의 사촌을 찾아가게 된다. 그 사촌이 익히고 있다는 새로운 도는 다름아닌 기독교였다. 바로 이것이 방기창이 기독교에 입문하는 계기가 된다.

> 방 씨는 먹지 않고도 살 수 있다는 벽곡에 대해 들어본 적이 있었다. 하지만 깨우칠 수 있는 방법은 알지 못했다. 그는 어떤 대가를 치르더라도 벽곡을 깨우치기를 원했다. 방법을 궁리하던 그는 대동강 근처에 사는 사촌을 생각했다. 그 사촌은 어떤 신기한 것을 배우고 있다고 들었는데, 그것에 벽곡도 포함되어 있는지는 알 수 없었다. 사촌의 집은 그들이 있는 곳에서 멀리 떨어져 있었지만, 허기를 참고 서둘러 사촌의 집으로 향했다. 사촌은 환한 얼굴로 방 씨를 반갑게 맞

---
[14] 같은 책, p. 36.

앉다. 방 씨는 서둘러 인사하고 "벽곡을 아느냐?" "자네가 공부하고 있는 것에 벽곡도 포함되느냐?"고 물었다. 그리고 "만약 알면 어서 가르쳐달라"고 재촉했다. 사촌은 "벽곡이라니요? 그건 미신이에요. 그런 것은 없어요. 하지만 그보다 훨씬 더 좋은 것이 있는데 서양 선생을 한번 만나보라"고 권했다. 방 씨는 싫다고 하면서 "벽곡이 아니라면 야만인을 만나지 않겠다"고 거절했다.[15]

하지만 사촌의 호의를 무시하지 못하고 동학 접주 방기창은 "윌리스"(Willis)라는 이름의 서양 선교사를 만난다. 윌리스는 바로 사무엘 마펫(Samuel Austin Moffett, 1864-1939)이었다. 게일의 *The Vanguard: A Tale of Korea*에 등장하는 윌리스에 대해, 마펫의 아들인 사무엘 휴 마펫(Samuel Hugh Moffett)은 그가 바로 자신의 아버지라고 증언한다.

게일의 책을 소유하고 있는 한 재미 한국교포에게 써준 그의 자필 서명에는 "이 책을 접하게 된 것은 축복입니다. 이 책에서 나의 아버지 사무엘 오스틴 마펫 선교사는 '윌리스'라는 인물로 등장합니다"(What a blessing to see this book. My father, Samuel Austin Moffett was the 'Willis' in its story.)라고 직접 증언한다.[16]

방기창이 윌리스의 나이를 묻자 윌리스는 25세라고 대답한다. 방기창은 윌리스의 머리카락이 흰색이어서 70세 정도 된 줄 알았다고 말하고, 자신은 45세라고 밝힌다. 방 씨는 그날 밤 윌리스로

---

15) 같은 책, pp. 36-37.
16) 〈http://www.snucmaa.us/snumc1965/bbs/view.php?id=freeboard&no=1910〉.

> To Mr. W. M. Han —
> What a blessing to see this book. My father, Samuel Austin Moffet was the "Willis" in its story. May God bless you in your work for the Lord.
>
> — Samuel Hugh Moffett

부터 많은 이야기를 들었고, 중국책인 《덕혜입문》(德慧入門, *The Gate of Wisdom and Virtue*)을 받아 읽게 된다.[17]

《덕혜입문》은 중국 선교사 그리피스 존(Griffis John)의 저술로 일종의 기독교 입문서였다. 이 책은 "천지창조부터 기독교인의 신앙생활에 이르는 열여덟 가지 기독교 덕목(德目)을 풀이한 것"으로 "동양 문화의 파괴가 아닌 보완 및 완성으로서 기독교를 해설한 것으로 동양의 유식층에게 기독교에 대한 선입견을 말소시켜 주는 데 큰 공헌을 한 전도문서"였고, 1915년 언더우드에 의해 한글로 번역되어 출간된다.[18] 서경조(1852-1938)의 형 서상륜(1848-1925)이 로스(John Ross, 1842-1872)로부터 성경과 함께 받은 책도 바로 《덕혜입문》이었다. 이 책은 동학 접주가 된 양반 방기창이 기독교

---

17) James Gale, *The Vanguard: A Tale of Korea*, p. 37.
18) 이덕주, "동학 접주 출신 장로교 최초 목사", p. 291.

로 개종하는 데 적지 않은 영향을 준다.

방기창은 윌리스가 소개해 준 이 책 안에 "단순히 먹고 사는 방법이 아니라, 죽음과 공포와 평화와 기쁨에 관한 모든 것"이 아우러져 있다는 것을 발견한다. 또한 윌리스가 진실하고 정직한 사람이며 그의 말이 거짓이 아니라는 것을 확신하게 된다. 마침내 방기창은 "내가 한번 끝까지 믿어보리다"라고 고백하기에 이른다.[19] 이는 갑오농민전쟁을 한 해 앞둔 1893년의 일이었다. 한때 '양반'이었던 '동학교도' 방기창은 '기독교인'으로 거듭난다.

3. 목회자 방기창(1893-1911), 한국교회의 리더

방기창은 1893년에 입교한 후, 숭덕학교 교사를 거쳐 전도사, 매서인, 조사, 장로의 직분을 신실하게 감당하고 1907년 독노회의 설립과 함께 목사 안수를 받게 된다. 《평남로회 회록》은 동학교도에서 기독교인이 된 방기창의 목회사역에 대해 다음과 같이 기록하고 있다.

> 구주강생 일천팔백구십삼년 십일월에 입교하고 사십일 세에 평양예수교 숭덕학교 교사로 삼 년을 교수하고 사십삼 세에 일월로부터 교회전도 겸 매서 직분을 보셨으니 지방은 중화, 황주, 봉산, 서흥, 상원, 강동, 순안, 영유, 은산, 평양 동촌 서촌 등지요 사십오 세에 조사로 피션되어 십년을 시무하고 사십육 세에 평양장대현교회 장로로 피

---

19) James Gale, *The Vanguard: A Tale of Korea*, p. 37.

선되어 각 지경조사로 겸무하셨으니 지방은 고창, 추자도, 신흥동, 사산, 팔골, 어곡리, 반석, 한천, 사천, 용강읍, 제재, 주달, 고봉동, 고읍, 설월, 온정, 함종비석거리, 베게섬, 남항, 구로동, 용강가동 등지요 사십칠 세에 신학교에 입학하고 일천구백칠년 유월 이십일에 졸업하고 동년 구월 이십칠일에 목사로 피임되셨으니 지방은 제재, 고봉동, 설월, 주달 등지요 사십팔 세에 전도대위원으로 피임되었으니 지방은 황주, 봉산, 시천, 재령, 안악, 남항, 상원, 성천 등지라.[20]

방기창은 45세부터 10년 동안 조사(助事, helper)로 시두했는데, 선교사들의 연례보고서에 따르면, "조사들과 남녀평신도지도자들에 대한 교육은 선교사역의 큰 힘"이었으며 "모든 조사와 전도사는 지역교회의 집사나 평신도 지도자로서 사전 훈련을 받았고, 후에 점점 더 중요한 일들을 감당했다." 그리고 "조사들의 역할은 교회지도, 성경공부반 공부와 지도, 예배와 기도회 인도, 순회설교" 그리고 이 외에도 많은 역할을 감당했다.[21] 이는 방기창의 역할과 다르지 않았다.

1901년 5월 15일 방기창은 장대현교회의 초대 장로인 김종섭(金鍾燮)과 함께 마펫의 집에서 신학수업을 받기 시작한다.[22] 《조선예수교장로회사기》에 따르면, 선교사들은 "복음 선교할 교역자 양성의 필요를 감(感)하고 1901년에 목사 후보자 2인을 선택하여 성경문답으로 시취한 후 5년제로 과목을 작정하여 선교사 마포삼

---

20) 《평남로회 회록》, p. 6.
21) *Quarto Centennial*, p. 26.

열, 이길함 양씨가 분담교수하게 하고······1902년에 제1회로 김종섭, 방기창 2인에게 교수"한다.[23] 마침내 1907년 장대현교회에서 개최된 독노회에서 길선주, 송인서, 서경조, 양전백, 이기풍, 한석진과 함께 방기창은 한국인 최초로 장로교 목사 안수를 받는다. 안수 후 방기창은 용강구성(龍岡區城) 목사로 취임한다.[24]

주목할 점은 방기창이 기독교인이 된 후에도, 민족에 대한 사랑

---

22) 방기창과 마펫의 관계는 그의 아들로 이어진다. 《라성한인연합장로교회70년사》는 교회 설립의 역사를 기록하면서 마펫과 방기창의 관계를 다음과 같이 기록하고 있다. "1906년 초에 샌프란시스코에 있던 방화중 전도사가 로스앤젤레스로 와서 있게 되었는데 그때 마침 한국에 선교사로 나가 평양장로회신학교의 교장으로 있던 마포삼열(Samuel A. Moffett) 목사가 안식년으로 귀국하여 있다가 방화중 전도사를 만나게 되었다. 마 목사는 방 전도사에게 '이곳에 한국인들이 살고 있으니 앞으로 그들을 위한 어떤 전도 계획이 있느냐?' 고 물으면서 교회 설립의 긴급성을 말하여 주었다. 이 두 사람은 마음을 같이하여 기도하면서 로스앤젤레스에 장로교회를 설립할 것을 정하고 미 북장로교 라성노회(Presbytery of Los Angeles)에 찾아가서 이 뜻을 전하게 되었다. 노회에서는 한인들을 위한 역사적인 교회 창립을 도와 줄 것을 약속하고 프리차드(Augustus B. Pritchard) 목사로 하여금 교회를 조직하고 인도하게 하였다······. 그리하여 프리차드 목사의 인도 아래 1906년 5월 10일 주일 라성에서는 처음으로 18명의 교인들이 모여 감격의 창립예배를 드렸는데 이것이 곧 우리 라성한인연합장로교회가 창립되던 날이다······. 교회 창립에 공이 큰 방화중 전도사는 약 6년 동안 창립 초기의 우리 교회를 위하여 심혈을 기울이며 일하여 왔다. 방 전도사의 고향은 평양이요 하와이를 거쳐서 미주로 건너 왔으며 그는 한국에 있을 때 이미 지방 교회를 인도하던 경험이 있었다. 그렇기에 그는 초창기의 우리 교회를 철저한 장로교적 신앙 바탕 위에 세우기를 힘썼으며 프리차드 목사와의 협력은 잘 이루어졌던 것이다······. 이와 같이 우리 교회나 한인 사회를 위하여 수고하던 방 전도사는 고국에 남아 있던 부친의 서거 소식을 듣고 1912년 2월 초에 귀국하였다가 약 1년 후에 다시 미주로 돌아왔으나 우리 교회와의 관계는 한 교인으로서 돕는 일을 계속 하였으며 라성에서 거주하다가 1939년에 하나님의 부르심을 받고 세상을 떠났다." 《라성한인연합장로교회70년사》, pp. 33-35.
23) 조선예수교장로회총회, 《조선예수교장로회사기》, 하권, (서울: 한국기독교역사연구소, 2000), p. 46.
24) 조선예수교장로회총회, 《조선예수교장로회사기》, 상권, p. 229.

방기창 목사의 아들
방화중 전도사

의 끈을 결코 놓지 않았다는 사실이다. 1896년 그의 아들 방화중(사진)과 함께 독립협회 평양지회의 창설회원으로 참여해 길선주, 안창호, 한석진 등과 함께 활동한다. 그리고 미국에 정착한 그의 아들 방화중이 주필로 있었던 〈공립신보〉(*The United Korea*) 1907년 7월 12일자에 방기창의 글이 게재되는데, 이 글에는 일제에 침략당하는 조선의 현실과 방기창의 민족을 향한 안타까움과 고민이 은유적으로 표현되어 있다.25)

《예수교장로회조선노회 제5회 회록》(1911년)에 따르면, 방기창은 신병으로 시무를 사면받고, 마침내 1911년 음력 10월 11일 오후 2시 10분 용강에서 하나님 품에 안긴다.26) 동역자들인 길선주와 이기풍은 다음과 같이 방기창의 헌신적인 사역을 기억하며 그를 추모한다.

---

25) 자세한 내용은 이덕주, "동학 접주 출신 장로교 최초 목사"를 참조하라. "〈공립신보〉는 1905년 11월 22일 샌프란시스코의 한인단체인 공립협회의 기관지로 창간되었다. 사장은 안창호(安昌浩), 주필은 송석준(宋錫峻)이었다……. 발간 목적은 미국에 체류하는 교포들에게 민족정신 고취와 국권회복운동을 보도하는 데 있으며, 국내에도 널리 보급하고자 노력하였다. 1909년 2월 10일 제119호부터 대한인국민회의 기관지인 〈신한민보〉로 바뀌었다." 한국독립운동사 정보시스템, 〈https://search.i815.or.kr〉.
26) 예수교장로회조선노회, 《예수교장로회조선노회 제5회 회록》(경성: 야소교서회, 1911), p. 38.

주일천구백십일년(음 시월십일일) 하오 이시 십분에 세상을 떠나셨으니 우리가 이 목사의 사랑하는 얼굴과 주를 위해 사역하신 열성을 생각할 때에 참으로 슬픈 눈물을 금할 수 없는 것은 만일 하나님께서 이 목사를 세상에 더 머물러 두셨더라면 얼만큼 주의 일을 더 많이 하셨겠지만은 하나님의 경륜하신 뜻은 사람의 뜻으로 가히 헤아릴 수 없는 고로 이같이 세상에 있는 교회의 직분을 다 마치시고 신령한 천국에 아름다운 직분으로 부르셨으니 우리는 슬픈 눈물을 씻고 감사한 찬송을 부를 수밖에 없는지라. 이 목사의 역사를 위에 대강 기록하였거니와 주를 믿으시는 첫날부터 주를 위해 높은 산을 넘어 다니시며 험한 길을 걸어 다니시고 밤에 잠을 편히 자지 못하고 단 음식을 잡숩지 못할 때가 많았으며 믿지 않는 죄인을 위해 슬픈 눈물도 많이 흘리시고 죄에 빠진 형제자매를 위해 애통한 기도를 많이 하셨으니 이 목사의 주를 위해 행하신 열심성력을 생각할 때에 우리 일반 교우는 다 흠앙할 바라. 사랑하는 형제자매들이여 이 목사의 역사를 생각하여 이 목사의 주를 위하여 열심히 일하신 것을 본받기를 바라옵나이다 하였더라.[27]

예수 그리스도의 삶이 '길'(way)로 표현되는 것처럼, 기독교인이 된 후 방기창의 삶도 '길'로 표현될 수 있다. 쉬지 않고 복음을 전하기 위해 그는 늘 순회전도의 '길'에 서 있었기 때문이다. 1895년 매서인이 된 후, 1911년 9월 하나님 품에 안길 때까지 평안남도와 황해도 지역에서의 전도와 교회 설립을 쉬지 않았다.[28]

---

27) 《평남로회 회록》, pp. 7-8.
28) 《조선예수교장로회사기》에 방기창에 의해 설립된 많은 교회들이 기록되어 있다.

《조선예수교장로회사기》에 나오는 방기창에 의해 설립된 수많은 교회들의 이름은 그의 헌신적인 사역을 입증하고 있다.

주기철과 이기풍의 증언처럼, 방기창은 기독교인이 된 바로 그 순간부터 오직 주님을 위해 높은 산을 넘으며 험한 길을 다닌 주님의 사람이었다. 그리고 편안한 잠자리와 따뜻한 식사도 멀리한 채, 예수 그리스도를 모르는 조선의 형제자매들을 위해 울며 기도하는 것이 그의 삶이고 목회사역이었다.

4. 방기창의 목회 리더십

신약성경을 보면 쉬고 있거나 은퇴한 제자들에 관한 이야기는 없다. 오직 예수 그리스도를 위해 살아가는 사람들의 이야기만이 기록되어 있을 뿐이다. 방기창은 기독교인이 된 후부터 죽기까지 전도와 교회 설립을 결코 멈춘 적이 없었던 우직한 '복음적 원칙주의자'였다. 또한 그는 예수 그리스도를 사랑하는 동시에 민족에 대한 사랑을 멈춘 적이 없었던 '실천적 민족주의자'였다. 방기창의 목회 리더십 안에는 '교회'와 '민족'이 통전적으로 결합되어 있다.

동학 접주로서 한국교회의 첫 지도자가 된 방기창에 대해 알려진 바는 미약하지만, 제한된 사료를 통해 재구성한 그의 삶과 신앙은 21세기를 살아가는 오늘날의 한국교회 지도자들에게 교회 안에 굳건한 믿음의 뿌리를 내리고, 민족을 위한 사랑의 열매를 맺는 목회 리더십을 소유하기를 권하고 있다.

▶ 참고문헌

- Gale, James. *The Vanguard: A Tale of Korea*, (New York: F. H. Revell, 1904).
- McCully, Elizabeth A. *A Corn of Wheat: The Life of Rev. W. J. McKenzie of Korea*, (Toronto: Westminster Co., 1903).
- *Quarto Centennial*, Papers read before the Korea Mission of the Presbyterian Church in the U.S.A. at the Annual Meeting in Pyeng Yang (August 27, 1909).
- 라성한인연합장로교회, 《라성한인연합장로교회70년사》, (로스앤젤레스: 라성한인연합장로교회, 1976).
- 엘리자베스 매컬리, 유영식 역, 《케이프브레튼에서 소래까지: 윌리엄 존 매켄지 선교사의 생애와 황해도 선교기》 (서울: 대한기독교서회, 2002).
- 예수교장로회조선노회, 《예수교장로회조선노회 제5회 회록》. (경성: 야소교서회, 1911).
- 이덕주, "동학 접주 출신 장로교 최초 목사" 《새로 쓴 한국 그리스도인들의 개종이야기》 (서울: 한국기독교역사연구소, 2003).
- 조선예수교장로회총회, 《조선예수교장로회사기》 (서울: 한국기독교역사연구소, 2000).
- 《평남로회 회록》 (평양: 야소교 선교원, 1912).

장로교 최초 목사 7인 리더십

차종순 총장(호남신대)

2. 서경조 목사의 목회 리더십

서경조를 필두로 서씨와 김씨 양 가문을 중심으로 소래교회 초기 출신들의 이야기

한국의 개신교 전래 과정은 크게 두 경로를 통하여 이루어진다. 북쪽 경로는 서북쪽으로, 평안도 상인들이 중국(만주)을 왕래하면서 스코틀랜드 장로교 선교사들과 접하면서 복음의 전달자가 되었다. 그리고 남쪽 경로는 관직에 있는 상류층들이 일본에 사절단의 일원으로 가서 미국 선교사들을 만나 복음을 듣는 과정에서 일본의 선진농업을 배우게 되고 이어서 선교사들이 입국하는 데 정치적인 통로를 이용함으로써 한국에서 공적인 선교사업으로 이어졌다.

이 두 경로는 다같이 성경을 번역하였다. 북쪽 경로는 성경을 번역하고 인쇄하여 서상륜 등이 의주를 통해 반입하였고 1884년 로스 선교사가 보낸 쪽복음 6천 권이 인천에 도착하여 서상륜이 서울에서 복음을 전하는 등 성경 번역에 참여하였던 한국인들이 교회를 설립하는 데 이르렀다. 남쪽 경로는 관리들이 번역한 성경을 미국 선교사들이 들여와서 선교사들이 교회를 설립하는 데 기여하였다. 그리하여 북쪽 경로는 내국인에 의한 교회 설립인 반면에 남쪽 경로는 선교사들에 의한 교회 설립으로 이어졌다.

북쪽 경로는 한국인들이 주류를 이루는 복음 전래의 경로라고 한다면 남쪽 경로는 선교사들이 주류를 이루는 복음 전래의 경로라고 할 수 있다. 이 두 경로가 서울 새문안교회에서 하나로 접합됨으로써 한국의 복음화는 전국적으로 확대되어 가기 시작하였다.

이 두 경로의 만남에서 크게 활동하였던 사람이 서경조 목사이다. 그는 평안도 의주에서 출생하여 황해도 소래교회에서 신앙의 기초를 쌓고 지도자가 된 후 초기 한국인 7인의 목회자 가운데 한 사람으로서 한국교회의 기초에 크게 기여하였다. 그가 황해도 소래 지역에서 김성섬(담) 가문의 후예들과 맺은 인연은 곧바로 한국교회 초기 지도자 산맥을 형성하여 오늘에까지 이르고 있다.

그렇지만 서경조 목사는 1919년에 동료 7인의 목회자 가운데에서 비교적 빠르게 한국을 떠나 중국으로 옮겨감으로써 한국교회에 대한 그의 영향력은 크지 못하였다. 그러나 중국에서 한국인 후배 목회자들과 기독교인들의 발판을 마련하는 데 그의 영향력은 지대하였으며, 그리고 위에서 언급한 김씨 가문과의 가혼으로 인하여 그의 후손들이 한국교회에 큰 영향력을 미치고 있다.

1. 초기 개종자의 전형적인 모습

서씨 집안의 두 형제 서상륜과 서경조는 한국교회사에서 빼놓을 수 없는 두 인물이다. 두 형제는 일찍이 부모를 여의고 조부모의 손에서 자라면서 정상적인 교육을 받지 못하였으나 형 서상륜은 활달하고 사교적이며 사업가적인 기질을 가진 외향적인 사람으로서 장사를 통해 출구를 찾으려 하였다. 반면에 동생 서경조는 사물을 깊이 성찰하고 생각이 깊은 내향적인 학자풍의 사람으로서 형 서상륜과는 대조적이었다.

서경조

서경조는 1852년 12월 14일 의주에서 태어났는데, 그의 본명은 상우(相祐)이고, 경조는 자(字)였다. 서경조는 형 서상륜(1848년 7월 26일생)보다 더 어린 시절에 부모를 잃었다. 그리하여 정상적인 학교교육은 받지 못하고 독학으로 한문을 익혔으나 한서를 탐독할 수 있을 정도로 한문에 대한 조예가 깊었다.

서경조의 기독교 입문은 크게 3단계로 이루어진다.

제1단계는 만주에서 기독교를 접한 후 기독교인들의 겸손한 모습을 보고 감동한 데서 출발한다. 서경조는 1878년 경에 형 서상륜을 따라서 "觀光차로 숨伯과 其外 四人이 淸國 營口에 드러가셔"라는 기록을 남긴 대로 만주를 왕래하면서 스코틀랜드 선교사 매킨타이어(John McIntyre)의 사저에서 드리는 예배에도 참석하였다. 그가 목격한 기독교는 "온유하고 겸손한 몸가짐의 중국 기독교인"에게서 풍기는 모습이었다.

일반 중국인들은 교만 무례하여 한국인들을 얕잡아 보는 경향이 있었으나 예수를 믿는 중국인들은 매우 겸손하였다. 우선 그는 이 '겸손'에 큰 호감을 가지면서 기독교를 탐색하는 '심중전'(心

中戰)이 시작되는데 "예수교 中에 必有好況也라고 하고 慕敎之心이 生한지라"는 말로 표현하였다.

제2단계는 기독교 서적을 통한 지식 습득의 단계이다. 서경조는 형과는 다르게 학자적인 관심에서 중국인과 서양인이 합작으로 경영하는 중서서원(中西書院)에서 많은 서적을 보면서 신문화의 위대함을 배우고 동시에 기독교에 대한 깊은 관심을 가지게 된다. 그때에도 "井中之蛙가 大海에 나온 듯하더라, 예수교 할 마음이 더욱 나난지라"고 고백한다. 그후 서경조는 매킨타이어의 초대를 받기까지 하였으나 당시 국법에서 금하는 종교였기 때문에 기독교를 쉽사리 받아들이지 못하는 신중한 태도를 유지하였다.

제3단계는 형과 함께 황해도 장연군 대구면 구미리 소래로 이주하여 소래교회의 지도자가 되는 과정이다. 그는 1883년에 형 서상륜이 외가 6촌의 집이 있는 황해도 소래[松川] 지방으로 이주함에 따라 형의 뒤를 이어 따라가게 되고, 그곳에서 로스(John Ross)가 보내 준 6천 권의 성경 중 《신약전서》와 《덕혜입문》 등을 형에게서 전해 받고 성경을 탐독하기 시작한 것이다.

서경조는 로마서를 읽으면서 자신의 죄를 깨닫고, 속죄의 도리를 깨닫게 되면서부터는 심중전(心中戰)의 방향이 죄와 속죄의 문제로 변천하게 된다. 더욱이 사도 바울의 죽음을 초월한 신앙과 선교 부분에서 그의 심중전은 정리 단계로 접어들었고 큰 감동과 함께 완전히 자리를 굳히게 되며, 최후로 성령과 하나님의 섭리를 발견함으로써 신앙을 갖기로 결단한다.

聖神 밧난 일에 대하여 생각이 나기를 죽난 거슨 잠간 동안이오 죽을

가 두려운 마암이 실상 어려우니 셩신을 밧아 두려운 마암이 업스면 죽난 거시 두려올 것 업고 또한 死生이 天主의 뜻대로 되리라 하고 信心을 定하였으나 그래도 간간이 죽기 두려운 마암이 잇어 聖經을 만히 상고하여 보고 위로를 만히 밧으니라.

서경조의 입신(入信) 과정은 초기 기독교인들이 걸었던 대다수의 과정을 보여주는 본보기였다. 먼저 부모의 빠른 타계어 따른 방황과 형제의 상호의존 → 형 서상륜의 호방한 성격과 중국으로의 여행과 기독교 입문 → 형과 동행한 후 기독교인의 겸손한 태도에 대한 호감은 가졌으나 아직까지는 신중한 탐색을 유지 → 형의 도피에 따른 이주와 성경에 대한 탐독 → 말씀을 통한 확신과 결신이었다.

2. 기독교계 지도자로서의 과정

서경조 목사는 의주에서 전도하다가 이웃 사람들의 박해를 받아 형을 따라 친척이 있는 황해도 장연군 대구면 송천리로 이주하여 소래교회를 세웠고 그 후 소래는 그의 제2의 고향이 되었다. 서경조는 1887년에 세례를 받고 1888년부터 교회 지도자로 활동하기 시작하여 1919년 중국으로 떠나기까지 약 30년을 목회자로 살아가는 과정에서 나름대로의 특징을 갖는다.

(1) 소래교회의 지도자 : 의리 있는 목회자

서경조가 소래교회에서 형과 함께 1883년부터 신앙생활을 하기 시작할 무렵에 한국에 대한 미국 북장로교회의 선교가 이루어지고 있었다. 1885년 4월 5일에 언더우드(Horace G. Underwood)가 서울에 도착하고, 이어서 알렌은 고종으로부터 광혜원 개설을 허락받아 4월 9일 홍영식의 집에서 광혜원을 시작하였다. 1885년 6월에는 감리교 의료선교사 스크랜턴과 장로교 의료선교사 헤론이 도착하고, 아내의 임신으로 고통 중이던 아펜젤러가 9월에 다시 내한함으로써 한국에는 목사 선교사 2명과 의사 선교사 3명이 다 같이 광혜원에서 함께 사역하면서 장래의 선교사역을 찾아가고 있었다.

이러한 상황에서 광혜원은 점차적으로 장로교 중심의 사역지가 되고, 알렌과 헤론 그리고 언더우드가 삼각관계를 맺으면서 서로 대치하는 국면이 1887년까지 지속된다. 이 과정에서 언더우드가 선교지를 방문하였다는 것은 아직까지 불가능하고, 실제적으로 이 시간까지는 외국 선교사들이 한국의 내지(內地)로 여행하는 것이 허락되지 않은 상태였다.

그러던 중 언더우드가 1888년 아기 소동(baby riot)으로 인하여 여성 의사선교사 호턴(Lillias Horton)을 호위하는 일이 있었는데 이 사건을 계기로 고종은 선교사들에게 시어대(是御待)라는 증서를 휴대하고 다니게 하였다. 그때부터 내지 여행과 선교가 가능해졌다. 이어서 언더우드는 1889년에 결혼하고 신혼여행으로 서울에서 황해도와 평안도를 거쳐 중국 목단(牧丹)까지 여행하였다.

그렇다면 소래교회 교인들이 당시의 유일한 장로교 목사인 언더우드로부터 과연 1885년에 세례를 받을 수 있었을까? 이는 장로교 헌법상으로도 불가능하다고 본다. 당시 선교사들은 한국인들의 훈련에 대하여 엄격하였으며, 자신들의 관할 아래 있는 교인들에게 6개월의 학습 기간과 6개월의 훈련을 거쳐서 세례를 베풀었기 때문에 언더우드가 서울에 도착한 지 몇 개월이 지난 1885년 가을 어느 시점에 세례를 베풀었다는 것은 기록상 그리고 그 당시 장로교 행정 절차상 불가능하다고 본다.

그러면 어느 시점에 소래교회 교인들에게 세례가 이루어졌을까? 물론 여러 문서가 있지만 이 부분을 보기 바란다.

> 소래는 서상륜의 고향으로서, 그는 1879년에 만주에서 존 로스(John Ross)에게서 세례를 받고 돌아와서 한국에 최초의 개신교 기독교인 집단을 이룩한 곳이다. 1887년 봄에 그곳 교인 중 13명이 서울로 와서 세례받기를 청원하였으며 호레이스 언더우드는 그때에 3명에게 세례를 베풀고 그 해 가을에 소래를 방문해서 7명에게 또 세례를 베풀었다. 언더우드의 권고에 따라 제임스 게일(James Gale)은 1889년 봄 3개월을 그곳에서 살았으며 말콤 펜윅(Malcolm Fenwick)이 1890년에 그곳으로 옮겼다. 사무엘 마펫은 1890년 가을에 소래를 방문한 다음에 선교본부 앞으로 "이곳에서 우리는 지금까지 한국에서 행해진 사역 가운데에서 가장 전망 있고 또한 성공적인 사역을 볼 수 있다. 이곳 시골 지역에서 나는 8일간 머물면서 정기적으로 말씀을 공부하려 모이는 15명에게 세례를 베풀었다──이곳은 로마 가톨릭에 관한 이야기를 들을 수 없는 유일한 곳이기도 하다. 외국인의 감독 아래 이곳은 작지만 영향력 있는 개신교 중심지가 될 것이다. 왜냐하면 우리는 이곳에서 한국의 중류층 사람들과 접촉하는데, 이들은 이

나라의 도덕과 정치적 부패로부터 벗어나 있으며, 새로운 한국의 '뼈대'가 될 계층이기 때문이다.[1]

언더우드는 서울에서 자리를 잡아가기 시작하는 무렵에 서울의 서쪽 지역인 강화도와 황해도를 선교구역으로 맡았다. 이 당시 장로교 선교사들의 선교방향은 인근 황해도 지역을 선교구역으로 정하고 순회전도 여행까지 겸하게 된다.[2]

서경조의 세례일자에 대하여 1885년이라는 주장이 있지만, 지금까지의 각종 기록에는 노춘경(도사)이 한국 최초의 세례 교인으로 알려져 있다. 그에 관하여 알렌은 이렇게 말한다.

> 1월 29일에 그의 일기에는 "새로운 선생과 한국어 공부를 다시 시작하였다. 현재의 선생은(노도사) 사고가 발생하던 그 날(12월 4일) 오후에 나에게서 중국어 성경을 빌려갔던 사람이다. 나는 그에게 통역을 통하여 '이 책을 읽다가 발견되면 목이 잘릴 수도 있다'라고 조심시켰으나 그는 알겠다는 듯이 고개를 흔들면서 위험을 감수하였다. 우리는 결과가 어떻게 나올지 볼 것이다"라고 적혀 있다. 그 결과는 노도사가 1886년 7월 11일에 비밀리에 한 시골에서 호레이스 언더우드에게 최초로 세례를 받은 한국인 개신교 신자가 되었다. 나중에 노도

---

[1] Moffett to Ellinwood, October 20, 1890.
[2] 모어(Samuel Moore)는 한강변을 따라서 매서인들과 함께 3년 만에 25곳에 교회를 세웠다. 기포드(Daniel Gifford)도 1900년에 죽기까지 빈턴(C. C. Vinton)과 함께 서울 남쪽 지방으로 도보 전도여행을 떠나기도 하였다. 밀러(F. S. Miller)는 서울 동부지역을 떠맡았으며, 언더우드(Horace Underwood)는 넓게 서울의 서쪽지역, 즉 강화도, 황해도 지역을 맡았는데, 이 지역에서 소래가 가장 멀었다.

사는 스크랜턴의 어학선생으로 활동하다가 감리교 교인이 되었다.

어찌 되었든 이 부분은 더 자세하게 밝혀야 할 부분이며, 서경조는 지금까지의 기록상 1887년 봄에 서울에서 혹은 가을에 소래에서 언더우드로부터 세례를 받은 것으로 알 수 있다.

언더우드로부터 세례를 받은 서경조는 소래교회의 지도자로서 활동하기 시작한다. 그것은 선교사들의 조사와 어학선생으로 선발할 수 있는 신뢰할 만한 사람들이 많지 않았기 때문이다.

앞에서 보았듯이 서경조는 1887년에 세례를 받은 후 1838년부터 선교사의 권서(勸書: colpoteur)와 조사(助師: helper)로 발탁받아 황해도 장연 지방의 지도자로 일하기 시작한다. 이는 당연히 언더우드 선교사의 조사가 되었음을 말한다. 당시 권서인과 조사는 그 맡은 업무의 분할이 없었기 때문에 서경조는 황해도 장연 지역을 순회하면서 성경, 찬송가와 기독교 서적을 팔면서 사람들을 개종시키는 데 크게 기여하였다. 이 부분을 조선예수교장로회 사기와 서경조 자신은 이렇게 말한다.

> "是時에 賣書를 選定하야 一人은 京城近方에 一人은 長淵近方에 一人은 平壤近方에 一人은 義州近方에 傳道하니 이난 朝鮮敎役者의 任命의 初步니라"(사기, 상. 14쪽)……매셔의 직분을 밧앗스나 책을 파는 수는 업고 친구 간에 책권이나 주니라.

이렇게 볼 때 언더우드와 서경조로 인하여 황해도 지역의 선교는 활발하게 진행되었다. 1890년에 캐나다 침례교 선교사 펜윅

(Malcolm Fenwick)의 내한에 이어서 1893년부터 윌리엄 매켄지 (William J. McKenzie)가 내한함으로 교회는 크게 성장하였다.

언더우드 선교사는 서경조 권서/조사를 초창기에 한국인 선교 파트너로 신뢰하고 있었다. 또한 서경조 같은 사람이라면 동료 선교사들도 욕심을 내는 파트너였다고 말할 수 있다. 여기에서 서경조의 인간성 혹은 지도력을 볼 수 있는데 그것은 그가 황해도 소래교회로 부름받았다는 확고한 '소명의식'에서 비롯된 것이었다.

서경조는 1890년에 사무엘 마펫이 소래교회에 방문하였을 때 그를 안내하였고, 1893년 4월에 배위량(William N. Baird)의 어학훈련 겸 선교지 탐방이라는 목적으로 경상북도의 내륙지방을 거쳐 부산까지 방문하였으며,3) 그후에 또 다시 마포삼열(마펫)과 이눌서 (William D. Reynolds)와 함께 충청도 공주와 청주 지방을 방문하였다.

그는 1893년 4월, 약 1개월간을 선교사 배위량과 함께 양산·대구·용궁·안동·전의·경주·울산·동래·상주·경주 등지를 순회하며 전도하였다. 대구에서는 성경책을 주기는 하였으나 전도는 하지 못하였고, 상주에서는 4, 5일간 유하면서 향교에서 전도하고《덕혜입문》을 주었더니 다음날 다시 돌려주면서 잘 보았다는 인사만을 받았으며, 불교의 도시 경주에서는 전도보다는 구경거리와 놀림거리가 되었다고 한다. 그후 마펫이나 이눌서 등과 함께 충청도의 공주와 청주 지방에서 전도하였다. 이때 그는 공주에서 달력을 많이 팔고 청주로 향하던 중 어느 시장 거리에서

---

3) 이때에 부산 최초의 신자 김기원을 개종시켰으며, 김기원은 1913년에 목사 임직을 받고 대구 지방에서 크게 활동하였다. 김기원은 종창을 앓아 고생 중 선교사와 서경조를 만나서 병이 낫게 되고, 예수를 영접함으로써 대구교회의 지도자가 되었다.

장꾼들에게 성경을 많이 팔고, 또 청주에서도 가지고 있던 성경을 전부 판매하였다고 하였다. 이런 순회 전도시에 그는 선교사로부터 파트너가 되어 줄 것을 제안받기도 한다.

서경조는 여러 선교사들로부터 인정받는 한국인 동역자(조사/권사)가 됨으로써 자신의 삶이 오히려 좋아질 수 있었으나, 이를 거부하고 소래교회로 귀환하였다. 이런 그의 모습을 보면서 우리는 신앙인 혹은 교회 지도자로서의 곧은 마음을 읽을 수 있다. 그는 이때 자신의 심정을 이렇게 표현한다.

> 집으로 올 마암이 나셔 회심할 수 업난지라, 배목사는 락루하며 만류하되 듯지 아니하난대 맛참 마삼열 목사가 내려와셔 간절이 권하되 듯지 아니하고 나난 대륜션으로 仁川까지 와셔 목션으로 숑쳔에 내려오니라. 잇때 나는 내 마암도 아지 못할거슨 부산셔 아모 연고 업시 집으로 오고만 십고 평양 가려해도 아모 연고 업시 가기실흔 마암만 낫스니 후에 생각하니 내가 부산에 잇섯던지 평양에 갓더면 내가 숑쳔에 잇지 못하엿슬 것이오 내가 숑쳔에 업스면 매켄지 목사가 오시지 아니하엿슬 것이오 그러면 숑쳔에 영광의 교회가 일즉이 서지 못하엿을 것이오 숑쳔에 교회가 몬져 되지 아니하엿스면 海西에 수다한 교회가 일즉이 되지 못하엿스리라. 범사에 하나님의 뜻대로 되려니와 범사에 긔회가 잇고 사람이 긔회에 하지 아니하면 모든 일이 되지 못할 줄을 아노라.

왜 서경조는 소래교회로 돌아가려고 하였을까? 소래교회의 치리 당회장은 서울의 언더우드로서 소래교회에 목회자를 파송하였으며, 파송 목회자는 캐나다 출신 침례교회 선교사들이었다. 즉 1890년에 펜윅과 1893년에 매켄지 목사였다. 따라서 서경조는 아직 한국어가 서툰 이 두 분의 선교사들과 함께 열정적으로 해서지방을 순회하였다.

　이 시기는 동학농민혁명이 일어나기 직전으로서 사회적 분위기가 좋지 않은 시기였지만 선교의 틀을 놓기 시작하였으며, 1893년 늦봄에서 가을에 이르는 시기에 장연군 칠곡교회와 문화군 사평동교회 등에 2개 교회를 세웠으며, 1894년에 곡산읍교회를 세웠다.

　그렇다면 서경조는 소래교회에서 10여 년 지내는 사이에 당회장 언더우드 그리고 언더우드에 의하여 파송된 목회자 펜윅과 매켄지와 두터운 친분을 쌓았으며 그 친분으로 인하여 여타의 다른 선교사들의 요청을 거절하고 소래교회를 중심으로 한 황해도 지역의 매서/조사 사역에만 전념하였던 것을 알 수 있다. 이러한 면에서 서경조는 '의리 있는 목회자' 였다고 말할 수 있다. 그리고 서경조는 매켄지의 자살에 따른 제반 사후 처리에서 가장 깊숙이 관여하였던 현장 책임자였다고 할 수 있다.

(2) 목사 임직과 황해도 지역의 목회자

　서경조 목사의 지도력은 어디에서 나오는가? 첫째는 그의 학자적인 태도에서 나오는 성경 탐독과 성경교사로서의 유능함이며, 둘째는 공의회로부터 독노회와 총회에 이르는 기간에 보여준 그의 서기관으로서의 유능함이며, 셋째는 감사할 줄 아는 제안자였다는 사실에서 볼 수 있다. 이를 차례대로 열거하면 다음과 같다.

1) 유능한 성경교사

서경조의 장로 임직 연대는 상당히 다른 주장이 없는 것은 아니지만,[4] 《장로교회사 전휘집》[5] 과 《사기》 기록에 의하면 1900년이라고 말할 수 있다. 《사기》는 더욱더 자세하게 말한다.

> 長淵郡 松川敎會에서 徐景祚를 長老로 將立하야 堂會를 組織하ㅗ 是乃 我國敎會의 最先 長老더라. 同時에 敎人이 協力 捐金하야 瓦家 八間 禮拜堂을 新築하얏다가 翌年에 敎人이 增多함으로 瓦製八間을 增築하니라.

선교사들의 신학반 수업은 각 선교부별로 진행해 오다가 1900년에 평양으로 일원화시키기로 결의하기에 이르렀다. 따라서 서경조는 언더우드의 집에서 개최되었던 신학반 교육에 1888년부터 꾸준하게 참여하여 처음에는 조사와 매서로서의 개인 학업을 진행하였다.

서경조는 일정한 신학수업을 수료하였기 때문에 1904년 평양장로회신학교 3학년에 편입되어 교육을 받았다. 이는 서경조 자신이 보여준 학자적 태도와 학문적 진지함을 감안하였기 때문일 것이다.

---

4) 물론 서경조의 장로 임직이 1895년이라는 주장도 있다. 이 주장은 서경조 자신이 쓴 책에서 "이 해 가울(저자 주: 1895년)에 원목사가 나려와 교회 일을 처리하고 직분을 택할새 내가 長老 피택이 되고 金允五와 安制卿은 집사가 되니라"고 쓴 내용을 근거로 삼고 있다.
5) 1900년에 선출된 장로는 평남에 김종섭, 황해에 서경조라고 한다.

서경조의 학자적인 모습은 그가 신학반에서 다른 후보생들을 가르치는 모습에서도 나타났다. 서경조의 수업을 지켜본 선교사들은 이렇게 말하였다.

> 셥목사가 두달젼에 황해도를 나려가셔 쟝연, 송쳔, 은률 여러 곳사로 단니다가 해쥬로 도라와셔 십오일 동안 사경을 하난대 오목사와 밋 그 부인과 셔쟝로와 김흥경씨(김흥경은 서상륜과 함께 서울지역 전도인으로 임명된 사람이다)가 가라칠때에 와셔 공부하난쟈가 사십여인 이라더라.[6]

그리고 언더우드 부인도 서경조의 교사 방법론을 칭찬하였다.

> 또 그 해에 그 지방에서 성경공부반이나 연수 강좌를 저마다 다른 지역에서 열두 군데 열기로 하고, 여섯 개는 서씨가 책임을 맡고 나머지 여섯은 지도자들 중에 가장 학식이 많은 김윤오 씨가 가르치기로 했다……오후에 원주민 중의 어른인 서씨가 기독교인의 갑옷에 관한 성경의 가르침을 그린 아주 멋진 그림을 우리에게 주었다. 그것은 그가 손수 그리고 색칠을 한 것으로 아주 알맞는 설명이 붙어 있는 것이었다.

서경조는 1904년에 평양장로회신학교 3학년에 편입하여 수업을 받고 1907년 9월 19일 조선예수교장로회 독노회에서 목사 임

---

[6] 〈그리스도 신문〉 1901년 12월 26일자.

직을 받는다. 7명의 신임 목사 가운데 가장 나이가 많은 서경조는 목사를 대표하여 축도하는 순서를 맡음으로써 한국인 최초의 축도 목사로서의 영예를 가졌다. 서경조 목사에게 맡겨진 구역은 장연, 옹진 등지로 샤프(C. E. Sharp, 1870-1952) 목사와 같이 전도 목사를 맡았다.

2) 유능한 서기

서경조는 목사로 임직받기 이전 '공의회' 시절에 제2회 공의회 회원으로 참석하여 '서기'를 맡았으며,[7] 제3회 공의회가 평양 장대현교회에서 회집되었을 때 한글 성경 교정을 마포삼열 목사에게 맡기자는 의견이 제기되자 서경조는 이를 강력히 반대하며 그 부당성을 역설하였다. 마포삼열에게 일임하려던 계획이 서경조의 반대로 일단 주춤하게 되었고, 제4회 공의회에서도 결론을 내리지 못하자 연구위원을 선출하여 연구하기로 결의하였다. 그리하여 제5회 공의회에서 "國文 矯定하는 事난 前과 갓치 玉篇과 字典에 있난대로 施行하기로 하얏다"는 연구위원들의 보고가 채택되면서 3년이 지난 후에야 겨우 매듭을 짓게 되었다.

서경조 목사의 공헌은 아무래도 유능한 서기로서의 역할이었다고 말할 수 있다. 서경조 목사는 한국의 유구한 기록 전승을 몸으로 받아들인 사람이었다라고 말할 수 있는데, 그는 공의회에 참석하여 한글 회의록을 치밀하게 남겨둠으로써 후대에 "서기록"의

---

7) 1902년 9월 20일 서울 새문안교회에서 모인 회의에 한국인 장로 3명(서경조, 방기창, 김종섭)과 조사 6명이 처음으로 참석한다.

중요성을 일깨워 준 본보기였다.

> 一千九百一年부터 一千九百六年까지는 老會가 設立되기 前 其 六年間에 年年이 朝鮮 長老會 公議會가 모혀 朝鮮語로 일을 만히 처리하엿스나 其時에는 會錄을 인쇄하는 풍속이 엇서서 會錄이 無함으로 公議會에서 일을 엇더케 하얏난지 不知하얏거니와 今年에 其年 總會書記가 筆記한 會錄一件을 차젓스니 全敎會에 有益케 하기 爲하야 此册 附錄에 謄本하노라.

3) 감사절 제청과 제정

제4회 공의회에서 서경조 목사가 감사절을 제정하자고 제청함으로 허락되어 한국교회는 1904년 이후 오늘에 이르기까지 추수감사주일을 지키고 있다.

> 全國 敎會에서 一年에 一次式 感謝할 日을 作定할 問題에 對하야 徐景祚長老가 演說하기를 我國敎會가 比前 旺盛한것이 天父의 恩惠인즉 一 感謝日을 定하고 一年에 一次式 悅樂하며 感謝하난거시 甚合하다하고 其後에 梁甸伯·金興京·邦基昌·韓錫晋 諸氏가 繼續 說明하다.[8]

이상은 1904년 9월 13일 午后 2시 30분부터 서울 銅峴예배당에서 회집된 제4회 합동 공의회 회의록 일부이다. 서경조는 발언권을 얻어 한국에 복음이 전파되어 많은 교회가 설립되고, 많은 동

---

[8] 《죠선 예수교장로회 공의회 제4회 회의록》, p. 233.

포들이 교회를 통하여 구원받게 된 것을 감사하여 감사절을 지키자고 주장하였다. 공의회는 그의 주장을 받아들였으며 오늘에 이르기까지 그대로 지키고 있다.

4) 새문안교회 목회와 경기지방 순회목사

서경조 목사에게 언더우드 목사는 신앙의 전형이었다. 그리하여 서울과 평양의 갈등 구조에서도 그는 언제든지 서울 쪽에 서 있었다고 말할 수 있다. 1909년 9월 평양장로회신학교에서 개최된 제3회 노회에서 서경조 목사는 언더우드 목사와 함께 서울 염정동교회(새문안교회) 동사목사로 자리를 옮기게 된다.

이는 언더우드 목사가 그 동안 서경조 목사에 대한 치밀한 탐색을 끝내고 자신의 사역 파트너로서 인정해 주는 결정적인 순간이었다고 할 수 있다. 다시 말하여 서경조 목사는 소래교회에서 언더우드가 파송해 준 펜윅과 매켄지 목사와의 관계도 원활하게 유지하였으며, 또한 마포삼열과 여타의 선교사들의 초청에도 응하지 않고 언더우드 선교사와의 관계에만 치중한 의리 있는 목회자로서 지조를 지킨 데 대한 언더우드의 배려라고 말할 수 있다.

서경조 목사 자신도 "경성에 올나가 렴젼동교회와 제중원교회와 셔편 六郡에 잇난 교회를 五年 동안 시무하다가"라고 기록하였다. 이 부분을 새문안교회 70년사에서는 이렇게 기록한다.

> 하나님의 도와주심과 온 교우의 불철주야의 수고의 결정(結晶)으로 마침내 1910년 5월 22일 주일에 준공이 되어 교인들은 새로운 예배당으로 옮기였고 다음 주일인 5월 29일에는 '헌당식'(獻堂式)을 거행

하니 교인들의 기쁨은 비길 데 없었다. 그때의 참석한 인원은 약 450명이었는데 그중 절반은 예배당 밖에 서 있었다. 예배당 건축자는 중국인 청부업자인 장(Mr. Harry Chang)이었고 그때 우리 교회는 염정동(廉井洞) 예배당이라고도 부르게 되었던 것이다. 그러나 우리 교회의 기쁨은 그것만은 아니었다. 동년에 우리 교회는 원두우 목사를 도와서 동역자로서 평양장로회신학교 제1회 졸업생인 서경조(徐景祚) 목사가 동사목사로 시무하게 된 것이다. 그는 한국 사람으로는 최초의 목사로서 원두우 목사를 도와 일하였으며 그의 고향인 황해도 장연 송천에도 왕래하면서 목회를 하였다.9)

서경조 목사는 언더우드 목사와 동사목사로서 서울 새문안교회와 제중원교회 목사로 재직하는 한편, 서울 서쪽에 있는 언더우드 목사 순회구역에 있는 6개군 교회를 동시에 돌보는 순회 전도 목사의 역할까지 겸하여 하였다.10) 그뿐만 아니라 서경조 목사는 경기도 서쪽 지역에 있는 여러 교회의 개척에도 크게 기여하였으나, 그 공로를 자신의 것으로 돌리지 않고 자신의 신앙의 은사인 언더우드 선교사의 공으로 돌렸다. 그가 직접 혹은 간접으로 설립한 교회는 다음과 같다.

---

9) 이 부분을 조선예수교 장로회 사기는 이렇게 기록한다. "一千九百十年(庚戌)에 京城 新門內敎會난 宣敎師 元杜尤牧師 徐景祚의 勤勞로 振興되야 三百餘名 信徒가 合心 協力하야 華麗廣大한 禮拜堂 廉井洞(今 西大門町 二町目)에 移建하니 敎勢가 漸益 進展하니라."(차재명, 《조선예수교장로회사기 상권》 p. 197).
10) 언더우드 목사는 "셔울 렴졍동과 남문밧, 고양, 시흥, 파쥬, 교하, 통진, 김포 등디에 원두우 목사와 동사 전도 목사 될일"(《독노회 제4회 회록》, p. 18)이라는 결정에 따라 이 지역을 순회하였다.

1897년: 고양군 행주교회, 토당리교회(현 능곡교회), 김포읍교회,
1901년: 김포군 송마리교회, 파주군 문산리교회
1904년: 김포군 두산리교회, 시흥읍교회
1905년: 시흥군 영등포교회
1906년: 시흥군 광명교회, 가학리교회, 노량교회, 김포군 용강리교회
1907년: 양주군 지사리교회, 부평리교회, 파주군 죽원리교회

서경조 목사는 새문안교회 담임목사로 재직하는 동안에 김규식을 1910년 12월 18일에 그리고 차재명을 1912년 10월 27일에 장로로 임직시킴으로써 자신의 뒤를 이어갈 한국 교계의 지도자를 세웠다.

(3) 은퇴

서경조 목사는 이렇게 언더우드 목사와 함께 서울에서 동사 순회 전도목사로 사역하는 동안에 어느덧 나이가 회갑을 넘기게 되었다. 이 시기에 60세를 넘긴다는 것은 흔한 일이 아니었음을 감안할 때, 서경조 목사는 1913년에 사역을 중단하고 제2의 고향인 소래로 귀향하여 은퇴자의 삶을 살아가기 시작하였다.

서경조 목사가 은퇴를 결정한 이유는 무엇일까? 이 부분에서 여러 가지 이유를 추측할 수 있다. 다만 이러한 이유들은 추측이라는 점을 밝히면서 사실에 접근할 수 있기를 바란다.

첫째, 1912년 언더우드 선교사가 연세대학교를 개교하기까지 마포삼열 목사 그리고 미국 북장로교회 한국선교회 소속 선교사

들과의 사이에서 껄끄러운 일이 발생하는 것을 지켜보았다. 이 과정에서 언더우드 목사가 교회보다는 학교에 더욱 치중하는 모습에서 언더우드 목사와 결별하기로 한 것이라고 볼 수 있다.

둘째, 실제로 60세라는 나이는 그 당시에는 노년에 속하였기 때문에 지금까지의 삶과 목회에 만족하면서 은퇴를 결심하였을 것이다.

셋째, 가혼으로 사돈댁이 된 김성섬 가문의 자녀들이 1910년 일제의 국권침탈 이후 중국으로 옮겨가서 동족들에게 의료혜택을 베풀고 또한 독립운동에 개입하는 것을 보고 후원하기 위한 조치였을 것이다.

이상의 3가지 가능성 가운데에서 세 번째가 가장 신빙성 있는 추측이라고 할 수 있다. 왜냐하면 1919년 이후 중국으로 건너가서 자녀들을 교육시키고 그 자녀들의 독립운동을 지켜보면서 후원자로 1938년 7월 사망시까지 유지한 사실이 이를 설명해 준다.

3. 서경조와 가혼으로 맺어진 김씨 가문의 영향력

서경조는 아들 하나(서광호)를 둔 미망인 민유신과 결혼하였으며, 민유신은 두 번째 남편 서경조 목사에게서 1남 1녀(서병호, 서신영)을 낳는다. 서병호는 딸 둘과 아들 하나를 낳았으나 큰아들은 열 살에 일찍 죽고, 딸(서옥윤)과 아들(서재현)은 다같이 중국으로 건너가서 활동하게 된다. 이는 서병호의 아내인 김씨 집안의 김구례와 그 처가가 상당수 중국으로 건너가서 독립운동에 전념함으로써 서경조 목사도 자녀들의 부름에 따라 중국으로 가게 된다.

2. 서경조 목사의 목회 리더십

이 부분은 아래의 도표를 통하여 설명하고자 한다.

제1대		제2대		제3대	
		자녀	배우자	자녀	배우자
민유신 (아내)	첫 번째 남편: 허○○	서광호 (의사) 1878-1934		서효애 1899-1999	7자녀
				서재윤 1901-	1자녀
				서재면 1905-	4자녀
				서재호	
				서재찬 1908-2000	1자녀
	두 번째 남편: 서경조 1882-1938	서병호 (1885-1972)	김구례 1882-1953	서○○ 1895-1930	
				서금현(여) 1901-1910	
				서옥윤(여) 1903-2000	첫 번째 남편: 박흥산 1895-1930 두 번째 남편: 김용재 1898-1946
				서재현(남) 1907-1999	김명진 1919-
		서신영 1890-1921	김홍식		
				서금현 1901-1910	

제3대		제4대		제5대	
서옥윤 1903-2000	박흥산 1895-1930	김춘봉 1931-	Nancy Wyatt 1940-	Karen Lee Kim 1965-	Carson Edesk Brinson 1971-
				Kristine Soh Kim 1969-	Mr. Topping 1998 결혼, 2000 이혼함
	김용재 1898-1946	김춘곤 1934-2002	김신란 1938-	Howard Hyungman Kim 1963-	Jinsun Choi 1968-
				Donna Unkyung Kim 1964-	Gary Alexander French 1963-
		Doris 김혜진 1938-	Bernard Bond Bible 1942-	John Soh Bible 1967-	Ann Louise Vollmann 1967-
				Marc Calloway Bible 1971-	Sachiko Oikawa 1972-
서재현 1907-1999	김명진 1919-	서원석 1947-	김명숙 1946-	서가영 1971- 서유현 1973- 서이연 1977- 서지수 1979-	김의종 1960- 박철홍 1972- 김도훈 1976- 한권형 1978-
		서경석 1946-	신혜수 1950-	서지영 1976- 서기준 1980-	
		서만석 1950-2004	김 정 1956-	서인호 1986- 서리나 1990-	
		서창석 1952-	김란순 1955-	서우진 1986- 서유형 1990-	
		서현석 1957-			

이를 또 다시 김성섬 집안의 자녀들을 중심으로 살펴보면 다음과 같은 가계를 형성하게 된다.

제1대		제2대		제3대	
		자녀	배우자	자녀	배우자
김성섬 1840-1892	첫 번째 부인	김윤방(아들)	김몽은	김함라 1888-1985	남궁혁
				김미렴 1890-1944	방합신
				김마리아 (1892-1944)	
		김윤오(아들) (서북학회 총무)	김경애	김덕룡	
				김세라	고명우
				김일현	
				김덕운	
		김윤열(아들) 1869-1891	장원 급제 후 귀환 중 콜레 라로 사망		
		이름 없음	출산 후 곧바로 죽음		
	두 번째 부인: 안성은 (여전도사) 1858-1940	김필순(남) (1878-1919) (세브란스 제1회 졸업)	정경순 1874-1953	김덕봉(영) 1903-1936	5자녀
				김덕호(억) 1908-1983	6자녀
				김덕린(염) (중국 영화 계의 우상) 1910-1983	2자녀
				김덕상(강) 1911-1987	3자녀
				김덕홍 1914-1935	
				김우명(위) 1915-1958	북한 노동당
				김효봉(로) 1919-2008	
		김인순(남) 1886-1904	한강에서 수영하던 중 동료를 구하려다 익사함		

		제4대		제5대	
		자녀	배우자	자녀	배우자
		김구례(여) 1882-1953	서병호 (1885-1972)	서○○ 1901-1910	
				서옥윤 1903-2000	
				서재현(Henry) 1907-1999	김명진(Anna) 1919-
		김로득(여) 1884-1964	양응수	사산	
				양종신 (딸)(1918-1996)	윤부병 집사 (이리 호남병원 원장)
		김순애(여) (1889-1976)	김규식 (1881-1950)	김진필	
				김진동	
		김필례(여) (1891-1983)	최영욱 (1891-1950)	사산(이름 없음) (1925)	
				최충곤(양자) (1929-)	
				최춘희(의붓딸) (1934-)	

- 김규식은 첫 번째 부인 조은애와 1906년 결혼하여 두 자녀(김진필, 김진동)를 낳았으나 첫 번째 부인이 1919년에 사망한 후, 1919년에 김순애와 결혼하였다.
- 김필례는 남편이 집을 나감으로써 미국 유학을 떠났다.
- 서재현은 중국에서 아버지와 고모와 고모부를 비롯한 식구들의 생계를 책임지느라 결혼이 늦었다. 서재현의 부인 김명진은 금릉대학교 사회복지학과를 졸업한 후 교수를 꿈꾸었으나 서씨 집안의 자녀와 무조건 결혼하라는 어른들의 조언에 순종하여 13세 연상의 서재현과 결혼하였다.
- 김명진 권사는 김진일(중국 공군사관학교 졸업하고 장개석 군대의

조종학교를 졸업하였고, 그후 모스크바로 가서 조종훈련을 받았으며, 한국 최초의 조종사 3인 가운데 한 사람이었다)의 딸이었다.

4. 결론

서경조 목사의 지도력은 무엇이라고 말할 수 있는가? 무엇보다도 먼저 그는 의리의 목회자이며 첫 부르심에 충실한 목회자라는 사실이다. 둘째로 그는 공의회와 노회의 서기로서 기록의 중요성을 상기시킨 목회자이다. 셋째로 그는 추수감사절 제정을 주창함으로써 은혜를 아는 목회자였다. 넷째로 그는 나라의 독립을 위하여 이민을 결정하고 해외에서 눈을 감을 때까지 자녀들의 독립활동을 지원한 목회자였다.

서경조 목사는 자신의 목회활동에서 큰 지도력을 발휘하였음은 물론, 더불어 가혼으로 사돈이 된 소래지방의 김성섬 가문의 자녀들과 함께 양 집안의 후손들의 영향력 또한 한국과 해외에서 두드러지게 나타났다.

한 가지 아쉬운 점은 서경조 목사가 1919년부터 중국에서 생활함에 따라 목회자로서의 그의 활동이 1887년부터 1919년까지로 많이 제한되었다는 것이다. 1919년 이후로 1938년에 이르는 기간은 중국에서 보이지 않는 영향력으로 남아 있었고 이로 인하여 그는 한국교회에 더 크게 영향력을 끼칠 수 없었다.

장로교 최초 목사 7인 리더십

정성한 교수(영남신대)
영남교회사학회[1]

3. 송인서 목사의 목회 리더십

송인서 목사의 목회적 삶 :
복음전도와 교회개척

1. 들어가는 말

1907년은 두 가지 사실에 의해 한국교회 역사에서 중요한 의미를 가진다. 첫째는 한국교회 역사에서 매우 의미있는 성령운동으로 평가되는 평양의 신앙대부흥운동이 일어난 해이기 때문이고, 둘째는 평양장로회신학교에서 한국교회 최초로 7명[2]의 한국인

---

[1] 본 '영남교회사학회'는 영남신학대학교 대학원에서 교회사를 전공중이거나 전공했던 학생들이 서양교회사 및 한국교회사와 대구경북지역교회사를 신학대학과 목회 현장에서 상호협력하며 체계적으로 발굴하고 연구하기 위해 조직한 학회이다. 총회 역사위원회에서 제시한 이번 연구 역시 본 학회원들이 팀 연구하였다. 이번 연구에 참여한 회원들은 정성한 교수(지도), 손산문(박사과정), 한일환, 안병관, 윤재현, 정두진, 오인호(이상 석사과정)이다. 본 발표문 초안은 학회장인 손산문 목사가 작성했고, 최종 수정은 정성한 지도교수가 했다.

목사가 배출된 해이기 때문이다. 이 가운데 한국인 목사의 배출은, 그 동안 한국교회의 지도력이 선교사 중심으로 이루어져 오다가 이제 명실공히 한국교회의, 한국교회에 의한, 한국교회를 위한 지도력이 시작되었다는 점에서 중요한 의미를 가진다. 따라서 한국 장로교 첫 일곱 목사들이 갖는 한국교회사적 의미는 매우 크다고 할 수 있다.

그러나 그 동안 이들에 대한 연구는 몇 분을 제외하고는 그다지 제대로 진행되지 못하였다. 특히 송인서 목사[3]의 경우 전문연구가 전혀 없다는 사실을 이번에 다시 확인하게 되었다.

지금까지 송인서에 관한 연구는 《마포삼열 박사의 전기》, 〈기독교대백과사전〉 등에서 보이는 단편적인 언급들이 대부분이었다.[4] 이러한 가운데 본 학회에서는 우선 송인서에 관한 자료 발굴에 주안점을 두고 이의 재구성을 통하여 선(先) 연구들이 가지는 단편성의 한계를 극복하고 체계적이고 전문적인 연구 성과를 이루어 보고자 하였다. 그러나 송인서에 관한 자료 자체의 미약, 자료 확보의 어려움 등으로 만족할 만한 연구 성과를 얻기에는 한계가 있었다.[5] 더욱이 송인서는 북한지역에서만 활동했던 관계로

---

2) 조선예수교장로회신학교 역대 졸업생 제1회(1907) 7인, 길선주(吉善宙), 양전백(梁甸伯), 한석진(韓錫晉), 서경조(徐景祚), 송인서(宋麟瑞), 이기풍(李基豊). 참고, 정인과 편, 《야소교장로회연감》(1940), p. 115. 방기창의 이름이 빠져 있음.
3) 이후 본 글에서 호칭을 '송인서'로 통일함.
4) 송인서에 대한 단편적인 언급이 나오는 단행본 연구들로는 한국기독교역사연구소의 《북한교회사》, 김광수의 《대한민족기독교100년사》와 《대한기독교성장사》, 이영헌의 《한국기독교사》, 김대인의 《숨겨진 한국교회사》, 그리고 옥성득의 논문 "평양대부흥운동과 길선주 영성의 도교적 영향" 등이 있다.

탐방을 통한 자료도 확보할 수 없었다.

이와 같은 열악한 상황에서 본서에서는 송인서에 대한 1차 사료와 단편적이지만 기존의 연구들을 중심으로 다음과 같은 연구결과를 제시하고자 한다. 그러므로 이 연구결과가 이후의 연구를 위해 중요한 기초가 되기를 바란다.

2. 송인서의 생애 및 개척전도와 목회 여정

송인서는 1867년 평안남도 평양에서 출생하였다. 일찍이 부친을 여의고 홀어머니 밑에서 자라 호협방탕한 어린 시절을 보냈다.[6] 20대에 인생의 의미를 찾아 여러 곳을 방황하면서 불교와 도교에 심취했다.[7] 그러다 마펫 선교사가 복음 전파를 위해 평양에 들어오자 거짓말로 예수를 믿겠다고 하고 마펫이 전하는 책만 얻어 갔다. 그러다 마펫 선교사를 욕보이기 위해 예배당을 찾았으나, 오히려 친절히 대해주는 마펫의 영향으로 기독교의 진리에 관심을 갖게 되었다. 이때 마펫의 조사였던 한석진이 송인서를 전도하기 시작했다.[8]

한석진은 여러 달 동안 기독교의 진리를 말해 주면서 죄를 회개

---

5) 본 학회에서 조사한 바, 송인서에 관한 1차 사료로는 《조선예수교장로회사기》, 《장로교회사전휘집》, 《야소교장로회연감》, 《대한예수교장로회총회록》, 〈그리스도신문〉 등이 있다.
6) 〈그리스도 신문〉 1897년 12월 9일자. 현대어법으로 수정함. 이하 동일.
7) 옥성득, "평양대부흥운동과 길선주 영성의 도교적 영향", 〈한국기독교와 역사〉 제25호(2006. 9.), p. 65.
8) 〈그리스도 신문〉 1897년 12월 9일자.

하고 구원받을 것을 권면하였고, 이에 감동한 송인서는 1891년[9] 드디어 숭상하던 불경과 차력의 문서를 다 버리고 "이전에 하던 것은 모두 죽을 공부만 하였다"고 회개하며 예수 그리스도를 영접하였다.[10] 회심한 송인서는 이제 사람을 만날 때마다 "우리 주 예수 그리스도의 십자가를 지고 잠시라도 벗지 말라. 그 십자가가 우리를 구하되 육신과 영혼이 다 지옥에 빠진 것을 건져 주셨으니 너희도 믿으면 구하여 주시리라"고 말하면서 열심히 그리스도를 전하는 전도인으로서의 삶을 살기 시작하였다.[11]

이후 송인서의 전도 활동과 교회 설립에 관한 내용을 〈조선예수교장로회사기 상권〉에 나오는 기록을 중심으로 재구성해 보면 다음과 같다. 송인서는 1893년경 평양에서 평원군 죽동으로 이사하는데, 이곳에서 그는 이웃사람들의 비웃음과 동학농민운동으로 인심이 흉흉한 가운데에서도 전도하여 한천교회를 설립하게 된다. 그리고 몇 년이 지나지 않아 교인수가 증가한 관계로 예배당을 건축하고 이름을 '한천회당'이라고 불렀다.[12]

1893년 이후 한천교회가 설립되는 과정과 아울러 송인서는 또한 평원군 명당동에서도 전도하였다. 처음에는 교인들이 한천교회를 오고가며 예배를 드리다가 얼마 지나지 않아 명당동에 기도소를 설립하고 신자들을 모으기 시작하였다. 신자가 두어 명인 상

---

9) 〈기독교대백과사전〉에는 송인서의 기독교 입문을 1891년으로 기록하고 있는데 근거가 확실하지 않다. 기독교대백과사전편찬위원회, 〈기독교대백과사전 9권〉(서울: 기독교문사, 1893), p. 726.
10) 〈그리스도 신문〉 1897년 12월 9일자.
11) 〈그리스도 신문〉, 1897년 12월 9일자.
12) 차재명, 《조선예수교장로회사기 상권》(조선기독교창문사, 1928), p. 20.

황에서 송인서는 예배당을 신축하였는데, 동네의 불신자 가운데서 박복건, 박복리 두 형제가 건축비의 반액을 보조하였다. 이렇게 예배당을 건축한 것을 계기로 명당동교회는 한천교회에서 분립되었다.[13]

이와 같은 시기에 또한 송인서는 방기창과 함께 용강군 죽본리에 가서 전도를 시작한다. 처음에는 신자 개인집에서 예배를 드리다가 이후 여섯 칸짜리 기와집을 매수하여 예배당으로 사용하면서 교세가 성장하였다. 그러나 이 교회는 얼마 지나지 않아 분규에 휘말리게 된다. 교인 중에 안식교회와 자유교회로 옮겨간 이들이 생겨난 것이다.

기록에 따르면, 이 죽본리교회는 방기창이 담임교역자였고, 송인서는 초기 설립 당시에 협력했던 것으로 보인다.[14] 또한 같은 해 1893년에 마펫, 이길함, 한치순 등이 설립한 것으로 기록되어 있는 재령군 신환포교회의 경우에는 송인서가 조사로 임명된 것으로 나타난다.[15]

이처럼 열심히 복음사역을 감당하던 송인서에게 커다란 환난이 닥쳤다. 그것은 1894년에 평양 감사 민병석이 기독교와 서양 선교사들을 박멸할 정책으로 교인들을 불법으로 체포, 구금하는 '평양박해사건'이 발발하였기 때문이다. 이때 한석진 등과 함께 송인서 역시 평양 감영에 수감되어 형언키 어려운 모진 형벌을 당하였다. 송인서는 당일 풀려났으나 한석진과 감리교 권사였던 김창식은 범

---

13) 앞의 책, p. 21.
14) 앞의 책, p. 21.
15) 앞의 책, p. 23.

죄의 우두머리로 여겨져 사형이라는 극형 언도를 받고 감옥에 있었다.16) 그러나 이들은 다행히 선교사 홀(W. J. Hall)의 활약으로 조정에 알려졌고 고종의 명령으로 죽음에서 살아나게 되었다.

이후 널다리골교회를 다니면서 변함없이 신앙생활에 열심이었던 송인서는 1895년에 마펫으로부터 정식으로 세례를 받았다.17) 송인서의 활동은 이후에도 교회 설립에 집중되었다. 1896년에 송인서는 평원군의 주촌에서 전도를 시작하여 교회를 설립하는데, 처음에는 교인들이 송인서가 세운 첫 교회인 같은 군의 한천교회로 오고가며 예배를 드렸다. 그 후 주촌의 교인집에서 예배를 드리다가 교회로 발전하였다.18) 또 《조선예수교장로회사기 상권》에는 1898년에 송인서가 전도하여 설립된 교회들 세 곳에 대한 기록이 있는데, 첫 교회는 강동군 고척면 도덕리에 자리한 도덕리(또는 열파)교회이다. 두 번째는 강동군 읍에 자리한 강동읍교회인데, 처음에는 교인의 집에서 예배를 드리다가 교인수가 많아지자 열 칸짜리 석조가옥을 매입하여 예배당으로 사용하게 된다.19) 세 번째는 대동군 대동강면 대원리에 자리한 대원교회이다. 이곳의 처음 교인들은 송인서의 인도로 가까운 평양 판동교회를 오고가며 예배드리다가 역시 교인수가 많아지자 예배당을 건축하고 분립하여

---

16) 앞의 책, pp. 75-76.
17) 마포삼열박사전기편찬위원회 편, 《마포삼열 박사의 전기》(서울: 대한예수교장로회총회교육부, 1973), p. 234. 《조선예수교장로회사기 하권》에는 1895년에 설립된 봉산군 은파리교회에 한 때 조사로 시무했었다는 기록이 나온다. 그러나 송인서가 정확히 언제 은파리교회에 시무했었는지는 불분명하다. 한국기독교역사연구소 엮음, 《조선예수교장로회사기 하권》(서울: 한국기독교역사연구소, 2000), p. 11.
18) 차재명, 《조선예수교장로회사기 상권》, p. 34.
19) 앞의 책, p. 51.

교회를 세우게 된다.[20]

송인서의 이러한 전도 열정과 교회 설립을 눈여겨 본 마펫은 그의 인격과 신앙이 타의 모범이 되므로 1902년에 그를 평양장로회신학교 신학생으로 추천하였다.[21] 또 신학수업 중에는 졸업을 앞두고 한천교회가 당회를 조직할 때 장로로 시무하기도 하였다.[22] 드디어 1907년 6월 20일 평양장로회신학교를 제1회로 졸업하고 그 해 9월 17일 장로교 최초로 목사안수를 받았으며, 독노회 설립 때에 초대임원으로 선출되어 부서기로 노회에 봉사하였다.[23] 또 9월 19일 속개된 노회에서 증산, 한천, 외서장, 영유, 허리몰교회의 전도목사[24]로 임지가 결정되어 평남대리회 소속의 평양 서편구역 담당목사로 취임하였다.[25]

1912년 총회가 조직되고 각 노회가 성립된 이후에는 평남노회 소속 목사로 평남 서부지역의 전도와 교세 확장에 주력하였다. 이 시기 이후 송인서가 시무한 교회들은 대동군 학교리교회, 봉산군 은파리교회, 진남포 비석리교회, 진남포 억양기교회 등인데, 《조선예수교장로회사기》 상권과 하권에 각기 교회들의 설립연도와 시무 목회자들을 나열하고 있지만, 송인서가 이 교회들에 언제 부임하여 몇 년 동안 목회했는지는 알 수가 없다.[26]

---

20) 앞의 책, p. 52.
21) 마포삼열박사전기편찬위원회 편, 《마포삼열 박사의 전기》, p. 235.
22) 앞의 책, p. 230.
23) 곽안련 편, 《장로교회사전휘집》(경성: 조선야소교서회, 1918), p. 72.
24) 《대한예수교장로회독노회 제1회 회록》, p. 19.
25) 차재명, 《조선예수교장로회사기 상권》, p. 229.
26) 한국기독교역사연구소 엮음, 《조선예수교장로회사기 하권》, p. 11, 47, 124.

그런 가운데 1914년 황해노회에서 사경회 강사[27]로도 활동하며 교회 대내외로 쉼 없이 목회일선에서 자신을 헌신해오던 송인서는 그만 신병으로 인해 잠시 휴직하지 않을 수 없었다. 건강을 어느 정도 회복한 그는 다시 복직하여 1922년 평남노회가 셋으로 분립할 때 평서노회를 조직하여 노회장으로 지역교회를 섬기며 활동하다가,[28] 1926년 건강을 이유로 다시 휴직한 후 1929년 이후에 별세한 것으로 추정된다.[29]

3. 송인서의 목회 지도력

초기 한국교회를 섬긴 대부분의 지도자들은 대부분 체험의 신앙을 바탕으로 그들의 사역을 감당해 왔다. 송인서 또한 기독교 입문 이후 기독교 핍박과 청일전쟁을 경험하면서 더욱 그의 신앙이 견고해져 갔고, 이러한 체험신앙의 기초 위에 어렵고 척박한 목회 현실 가운데서도 흔들림 없이 하나님의 나라와 교회를 위해 그의 삶을 헌신할 수 있었다. 그의 헌신된 삶을 통해 엿볼 수 있는 목회 지도력을 다음과 같이 세 가지로 정리해 본다.

(1) 구도자적 열정의 지도력

송인서는 기독교로 개종하기 전부터 인생의 궁극적인 진리에

---

[27] 황해노회에서는 송인서를 하기사경회 선생으로 초청하였다.《조선예수교장로회사기 하권》, p. 147.
[28] 앞의 책, p. 376.
[29] 기독교대백과사전편찬위원회,《기독교대백과사전 9권》, p. 726.

관심이 많았다. 그의 개종 과정에서 살펴보았듯이 그는 불교와 도교에 심취했던 사람이었다. 이는 그가 본래적으로 구도자적 인생관을 가지고 이에 대한 탐구에 관심이 많았다는 것을 증거하는 것이다. 이 구도에 대한 관심은 기독교를 접하면서 죄와 영벌과 심판의 문제가 그리스도의 십자가에서 해결되고, 장생불사를 초월하는, 그리스도 안에서 영원한 복락을 받아 무궁하게 사는 부활과 종말론적 소망을 바라보게 하였다.[30]

기독교를 통해 인생의 헛된 구도의 길을 떠나 참된 구도의 길을 발견한 송인서는 자연히 기독교적 진리에 남다른 열정을 가질 수밖에 없었다. 참 진리에 대한 열정, 이것이 송인서의 목회 일생과 지도력에 있어서 아주 중요한 역할을 했던 특징이라고 할 수 있다. 그가 평양감사 민병익의 기독교 박해 때에 모진 매를 맞았던 일, 그리고 이웃 사람들의 조롱과 비난 가운데서도 전도를 포기하지 않고 결국 한천교회를 비롯한 여러 교회를 세웠던 일, 또한 열심히 교회의 기초를 닦고 사경회 선생과 노회의 중책을 맡으며 쉼 없이 대내외적인 활동을 하는 가운데 결국 병을 얻었지만 그런 가운데서도 목회를 포기하지 않았던 일, 열정적으로 목회를 감당하다 결국 그의 인생을 질병으로 마감한 일 등은 구도자적 열정이 없었다면 쉽게 이룰 수 없는 일들이었다. 따라서 이는 송인서의 목회 일생에서 끊임없이 표현되고 실천된 중요한 목회지도력이라고 하겠다.

---

[30] 옥성득, "평양 대부흥운동과 길선주 영성의 도교적 영향", 〈한국기독교와 역사〉 제25호(2006. 9.), p. 65.

(2) 신앙공동체를 중시한 지도력

송인서의 기독교 입문에는 마펫과 한석진의 영향이 컸다. 이는 송인서의 목회관에도 중요한 영향을 미칠 수밖에 없었다. 마펫은 그의 사역을 살펴볼 때, 어떤 선교사보다 교회 설립 즉 신앙공동체에 초점을 두었다는 것을 알 수 있다. 물론 교육사업과 사회사업에도 큰 공적을 남겼지만 이것은 모두 교회를 주축으로 한 방계적인 사업으로 생각했다.[31]

한석진은 송인서에게 직접적으로 전도를 한 사람으로 어떤 면에서 마펫보다 더 많은 영향을 미쳤을 수도 있다. 그가 의주 출신으로 신앙을 갖게 되었다는 것은 보다 깊은 의미가 있다. 의주는 한국교회 가운데 이른 시기에 '자생적 신앙공동체'가 형성되었던 곳이다. 따라서 한석진의 신앙에는 한국교회 신앙의 특징이라고 할 수 있는 주체적이고 자주적인 신앙의 면모가 있었고 이는 송인서에게도 영향을 미쳤다.[32]

송인서의 목회 일생 가운데도 평안남도 일대의 신앙공동체 설립이 아주 중요한 부분을 차지하고 있다. 그가 가는 곳곳마다 신앙공동체가 세워졌고 조직된 교회로 발전할 수 있는 초석이 되었

---

[31] 마포삼열박사전기편찬위원회 편, 《마포삼열 박사의 전기》, pp. 211-221. 마펫은 교회(신앙공동체) 설립이 한국 사회의 후진성과 극복해야 할 모든 난관을 해결하는 첩경이라고 믿었다.

[32] 장로교 첫 일곱 목사 중 한 명인 한석진 목사의 지도력에 관한 연구는, 본 총회 역사위원회에서 2008년에 이미 발표한 정성한 교수의 "한석진 목사의 목회 지도력"이 있다. 이 글은 수정 보완되어 "한석진 목사의 목회 지도력에 관한 연구," 〈목회와 신학〉, 2008년 가을호에 발표했다.

다. 이는 교회 설립을 중시한 마펫의 선교관과 무관하지 않으며 이러한 영향이 송인서로 하여금 신앙공동체 설립에 전력을 다하게 하였다. 한편 이렇게 신앙공동체를 세워나감에 있어 송인서의 지도에 의하여 선교사들에게 의존하지 않고 각 교인들이 자력으로 연보를 하여 예배당을 매입하거나 자신의 집을 내놓는 일이 많았다.[33] 이는 자생적 신앙공동체의 면모를 엿보게 하는 것으로 한석진의 자주적인 신앙정신과 또한 무관하지 않다. 따라서 송인서의 신앙공동체를 중시한 목회관은 한국교회의 자생적 신앙공동체의 정신을 잇는 지도력이라고 할 수 있다.

(3) 민생을 중시한 섬김의 지도력

〈그리스도 신문〉에 보도된 장로공의회일기의 기사를 보면 1901년 9월 21일의 장로공의회에서 다음과 같은 발언이 오고간 것을 볼 수 있다. 평양 장로 방기창이 "교우들에게 연보전을 십일조로 수용하는 것이 좋다"라고 하자 회중들이 적극 찬성하여 각기 소원대로 수용하자고 하였다. 이때에 송인서가 회중을 향하여 "금년 같은 흉년을 당하여 우리 교중에 빈한한 형제를 어떻게 구제하겠

---

[33] 명당동교회를 설립할 때의 기록을 보면 "얼마 지나지 않아 본동에 기도소를 설립하고 신자를 소집함에 이한진, 우기모가 믿고 열심히 연보하여 예배당을 신축할 새 동민 박복건, 박복리, 양인이 건축비 반액을 보조하였으니 불신자 중에서 이와 같이 힘을 씀은 옛적 예루살렘 성전 건축할 시에 두로인이 내조함과 서로 견줄 만한 일이러라." 또 죽본리교회의 기록을 보면 "신자 개인 집에서 예배하다가 그 후에 교인이 의롭게 연보하여 와가 6칸을 매수하여 회당으로 사용하고"라고 되어 있다 (차재명, 《조선예수교장로회사기 상권》, p. 21.). 필자 임의로 한자어를 풀었음.

느냐?"고 하자 회중들이 다시 의논하여 위원을 책정하고 전국 교회에 통첩하여 각각 그 교회마다 구차한 교우들을 살펴 서로 구제하기로 작정하였다고 한다.[34]

　이 기사는 전국 교회가 송인서로 인하여 형편이 어려운 교우들을 다시 살펴보는 계기가 되었음을 보도해 준다. 무조건적인 헌금 수용이 아니라 때에 따라 교우들의 민생을 먼저 살펴볼 것을 인지한 송인서의 목회관을 엿보게 하는 부분이다. 이러한 사실은 앞서 언급한 신앙공동체를 중시한 목회 지도력과도 연관이 있으며, 그의 신앙공동체 중시는 결코 건물로서의 교회가 아니라 구별된 자들의 모임으로서의 교회를 중시했음을 알게 한다. 정형화하고 조직화한 교회의 모습 이전에 공동체 구성원 한 사람 한 사람의 생활 형편을 살펴보려는 그의 목회 의지는 애통하는 자와 함께 애통하고 가난한 자를 잘 돌보아야 하는 복음적 섬김의 사명을 표한 것이라고 할 수 있다. 따라서 이러한 그의 목회 의지는 교우 개인의 민생을 중시하고 그들의 형편과 사정을 함께하는 섬김의 목회 지도력을 갖게 하였다.

4. 나오는 말

　이상으로 우리는 장로교 첫 목회자 일곱 분 중의 한 분인 송인서 목사의 생애와 목회적 삶을 살펴보았다. 비록 제한된 자료에 근거한 연구이지만 이 연구가 가장 종합적인 연구라고 할 때, 송

---

34) 〈그리스도 신문〉 1901년 10월 3일자.

인서의 회심 이후의 삶은 곧 복음전도와 교회개척, 이 두 가지를 중요한 축으로 하는 목회적 삶이라고 할 수 있다. 앞에서 정리한 바와 같이 그는 평양을 중심으로 평안남도 서부지역에 많은 교회들을 개척하고 목회하였다.

그에게는 비록 한국교회에 내놓을 수 있는 두드러진 화려한 경력은 없으나, 그의 목회 지도력은 자신이 섬기는 지역교회를 중심으로 교인 개개인과 그들의 삶에 집중되어 있음을 알 수 있다. 이런 송인서의 목회 지도력은 오늘 한국교회에 매우 유익한 교훈을 준다. 오늘의 한국교회 목회자는 자신에게 주어진 지역교회와 성도들 및 지역사회에 집중해야 할 필요가 있다는 이 한 가지 사실만으로도 송인서에 대한 연구는 큰 의의가 있다고 하겠다.

부록-《조선예수교장로회사기》 상권과 하권에 나타난 송인서에 대한 기록

▶ 조선예수교장로회사기 상권[35]

〈1893년〉

1. 평원군 한천교회가 성립하다. 선시에(이에 앞서) 송인서가 복음을 신종(믿고 따름)하고 평양으로부터 죽동에 이거하여 전도한대 인인(이웃 사람)이 비소하더니(비웃더니) 그 후에 동학란으로 인심이 동요하여 김정연, 김봉준 등이 선후하여 신함으로(믿음으로) 주일을 수하더니(지키더니) 선교사 마포삼열과 전도인 이영언이 내고하여(와서 돌아보고) 교회를 설립하니 수년인 불과하여 신자가 증가함으로 회당을 건축하고 한천회당이라 명명하니라(p. 20).

2. 평원군 명당동교회가 성립하다. 선시에 송인서가 시처에(이곳에) 전도함으로 박용섭, 김용섭 등이 신종하고 한천교회에 내왕하며 예배하더니 미기에(얼마 지나지 않아) 본동에 기도소를 설립하고 신자를 소집함에 이한진, 우기모가 신하고 열심의연(열심으로 연보)하여 예배당을 신축할 새 동민 박복건, 박복리 양인이 건축비 반액을 보조하였으니 불신자 중에서 여시용력(이와 같이 힘을 씀) 함은 석자(옛적) 예루살렘 성전 건축할 시에 두로인이 내조함과 상교(서로 견줌)할 사(일)이러라. 한천으로부터 교회를 분립하니라(p. 21).

3. 용강군 죽본리교회가 성립하다. 선시에 방기창, 송인서 등이 전도함으로 김시용, 김대혁, 김낙문, 유형근, 김씨경반 등이 신하고 신자사제(신자 개인집)에서 예배하다가 그 후에 교인이 의연하여 와가 6칸을 매수

---

[35] 괄호 안의 글자는 독자의 이해를 돕기 위해 원문의 한자를 오늘날의 말로 풀어 쓴 것이다.

하여 회당으로 사용하고 교인이 합심신도하여 교세가 초진하였더니 (점점 떨치니) 석재라(애석하게도) 교인 김승원은 안식교에, 송창걸은 자유교에 투왕하니 일시분규가 유하였으나 행히(다행히) 진신의 보우를 몽하여 교회는 의구유지하니 교역자는 방기창이러라. 그 후에 김창문, 변봉조, 이응호, 김취익, 김대혁, 유형근, 백일승 등이 상계하여 교역에 종사하니라(p. 21).

4. 재령군 신환포교회가 성립하다. 선시에 선교사 마포삼열 이길함과 전도인 한치순이 당지에 내도하여 복음선전하니 신자수흥(신자들이 따르고 흥함)이라. 최종엽, 차종학, 김경엽, 무재현, 문장호, 정이헌, 한선주, 이현서 등이 신종하여 한치순 사저에 회집예배타가 시년에(이 해에) 가옥을 매수하여 예배당으로 사용하고 직원을 선정하니 조사 송인서, 영수 한치순, 집사 송은범이라. 미기에 예배당을 신축하니라. 그 후 한치순을 제1회 장로로 장립하여 당회를 조직하였으며 그 후 장로 최종신, 소경호, 조사 이원민, 황연성, 김윤점, 이춘형, 최종신, 정윤형, 이근필, 선교사 한위겸, 군예빈, 목사 정원형, 장홍범이 조직시무하니라(p. 23).

〈1896년〉

5. 평원군 주촌교회가 성립하다. 선시에 전도인 송인서의 전도로 최만엽, 박풍엽, 홍씨풍성 등이 신종하여 초에는 한천교회에 왕래 예배하더니 그 후에 김신망 가에(집에) 회집하고 열심전도하여 교회를 성립하다 (pp. 34-35).

〈1898년〉

6. 강동군 고천면 도덕리(열파)교회가 성립하다. 선시에 전도인 송인서의 전도로 김교호, 황석홍, 황기전, 김창희와 부인 수 명이 상계신주하고 김씨견신가에서 회집할 새 선교사 마포삼열이 순행하여 교회를 설립하고 관리하니라(p. 51).

7. 강동읍교회가 성립하다. 선시에 전도인 송인서의 전도로 임봉학, 최경환이 시신하고(처음 믿고) 사가에서 예배하다가 신자가 점진하는지라 지시하여(이에 이르러) 석즙 10칸(돌로 이은 집) 가옥을 매수하여 예배당으로 사용하고 교회를 성립하니라(p. 51).
8. 대동군 대동강면 대원교회가 성립하다. 선시에 전도인 송인서의 전도로 엄태섭, 강리하 등이 신주하고 평양판동교회에 왕래예배하다가 지시하여 예배당을 건축하고 분립회집하니 교회가 점익왕성(점점 더하여 왕성)하니라(pp. 52–53).
9. 1894년(갑오)에 일청(일본과 청나라)이 실화(화해를 잃어버림)하여 피차에 교봉(교전)함은 거세가(온 세상이) 공지하는 바라. 차로 유하여 경성으로부터 의주까지 병화가 경한(지나간) 연로각군(길에 연하여 있는 각 군)은 자연 안도키 불능한지라. 선교사 등은 경성으로 피우하고(피하여 우거하고) 아교도(우리 교인) 등은 산협에 도산하니(도망하여 흩어지니) 당시 예배당은 혹훼파 차공허하여(혹은 헐어 무너지고 또는 비어있어) 자못 황량의 기색을 대하였더라(둘렀더라). 동년 초하에 평양관찰사 민병익이 교회를 박멸할 정책으로 엄명을 발하여 군관을 유하여(보내어) 장로회의 조사 한석진과 교인 최치량, 송인서, 신상호, 우지룡과 감리회의 권사 김창식과 교도 수인(성명 미상)을 포박압수하고 형언키 난한(어려운) 당시의 가혹한 형을 시하다가(벌하다가) 최치량 등 제인(여러 사람)은 방송하고(놓아주고) 한석진, 김창식은 죄괴(범죄의 우두머리)라 하여 뇌수하고(감옥에 가두고) 극벽(극형)에 부코자 하더니 차보가(이 소식이) 천계(임금)에 득달함에 칙지(조서)를 강하사(내려) 사에(죽음에서) 면케 되니라(pp. 75–76).
10-1. 독노회 성립. 1907년(정미) 9월 17일에 조선예수교장로회독노회가 성립하다. 지시하여 미국남장로회와 영국, 캐나다와 오스트레일리아장로회 4교파 선교사의 공의회 결정에 의하여 조선예수교장로회독노회를 조직하니 회원은 선교사 38인, 조선 장로 40인, 합

78인이요, 회장은 선교사 마포삼열, 부회장 방기창, 서기 한석진, 부서기 송인서, 회계 선교사 이길함이러라.
10-2. 노회처리 1. 공의회 시에 시취교수한 신학 제1회 졸업생 서경조, 방기창, 한석진, 양전백, 송인서, 길선주, 이기풍 7인을 목사로 장립한 사(p. 182).
11. 제4장 평남대리회
一. 교회조직 1907년(정미) 제1회 장립목사 길선주는 평양 장대현교회에, 목사 한석진은 평양 동편구역에, 송인서는 서편구역에, 방기창은 용강구역에 목사로 취임하니라(p. 229).
12. 평원군 한천교회가 당회를 조직하니 장로는 송인서, 정건용, 최선헌, 유정직, 박두선, 김정훈, 이한진이요, 목사는 송인서, 정건용, 이용, 추변봉조 등이 상계시무하니라(p. 230).
13. 대동군학교리교회가 이윤모를 장로로 장립하니 당회가 성립하다. 계속 임직한 장로는 김희태, 현의겸, 차이록, 백진형, 고일규, 박화수, 이근식 등이요, 목사 강유훈, 송인서, 김종섭, 이윤모 등이 상계시무하니라.

▶ 조선예수교장로회사기 하권

⟨1895년⟩
1. 봉산군 은파리교회가 설립되다. 선시에 본리거 이성복, 최남수 등이 믿고 이성복 자택에서 예배하더니 모동거 최행권의 노력으로 태근교회에서 당시 통화 450냥을 얻어 초가 6칸을 매수하여 예배당으로 사용함에 남녀교도가 백여 명에 달하였고 선교사 이길함과 조사 조원국, 송인서, 이병규, 김맹순, 임수우 제씨가 시무하니라(p. 11).

⟨1907년⟩
2. 1907년 서경조, 한석진, 송인서, 방기창, 이기풍, 길선주, 양전백 등 7

인이 제1회로 졸업하였고, 동년에 해 학교를 '대한야소교신학교'('일한 병합 후 대한 2자를 조선으로 개정함)라 명명하였고, 동년 9월 17일에 해 졸업생 7인을 목사로 안수 임직하고 조선노회를 비로소 조직하니 차가 독립적 조선야소교장로회가 되었고 차로 인하여 각 교회가 해 신학교 사업을 시인하게 되니라(p. 47).

〈1912년〉
3. 동년에 진남포 비석리교회에 당회가 성립하니 제1회 장로안수를 수한 자는 정석홍이요, 그 후에 김용순, 김인구, 이기화, 이세택, 박계홍, 김충국, 이상홍, 장원용, 박진영, 염명수 등이 인차수직하고(늘어서서 직을 받고) 방기창, 김응주, 김효섭, 박승구, 김창문, 송인서, 김건우, 박종은, 김인구, 김영준, 유원봉, 김성택 등이 조사와 목사로 상계시무하다(p. 124).

〈1916년〉
4. 동년에 진남포 억양기교회가 당회를 조직하니 장로는 이경모, 박근영이 수직하고 목사 송인서, 김건우, 심익현 등이 시무하다(p. 129).
5. 1948년(갑오) 하(여름) 평안도관찰사(혹칭 감사, 혹칭 도백) 민병익(당시 민왕후의 친족)의 박해 사에 대하여 상권 제2편 제2장 75, 76 양혈에 명기한 바가 유하였으나 금에 해사(그 일)의 전말을 상기하여 해감에 (그 살펴보는 것에) 공(이바지)함이 유보(도움이 있음)할 줄로 인하고 좌에 경술함.
    초에 선교사 마포삼열과 한석진이 평양 판동에 가옥을 매수하여 예배당으로 사용하며 전도 이래 수년에 당지 소재 삼아문(감영, 본부, 중영) 관속에게 무고히 견회(밉보임)되어 종종의 침욕을 수하던 바 평양부 간리(간악한 관리) 김호영 위명자가(김호영이라 일컫는 자가) 사문 내에 거주하며 교회내정을 규시하다가(엿보다가) 당시 예방비장으르 덕

천부사와 평양서윤의 겸관을 대한(겸직을 한) 신덕균에게 무고하기를 평양의 부호자제가 다수 입교하였으니 1차 거사하면 대리를 가득이라(큰 이득을 얻을 것이라) 하매 신 부사는 차언(이 말)을 신청하고(신뢰하며 듣고) 당시 감사 민병익에게 진언하기를 이교를 수입하여 다수의 양민을 유혹하게 하며 외인으로 협잡하는 류를 방지하며 금지하는 것이 가하다고 한즉 학자로 집(?)하고 경의제를 다설하여 유교를 존숭하며 차이 국척(나라의 근심)으로 권위세력이 흔천동지(하늘을 흔들고 땅을 움직임)하던 민백으로 차를 일문함(한 번 들음)에 기회가득이라 하여 일망타진할 계획으로 그 막하인 중군에게 명을 하하여 8명의 포교를 발하여 난역죄인을 포장하는 일양으로 1894년 4월 6일 효두 계2명 시에 판동예배당 숙사에 돌입하여 어명이라 칭하면서 한석진과 급기 공숙하던 최치량, 신상호, 송인서, 우지룡 등을 홍승과 12철환구 2계로 일일이 결박한 후 천주신도가 수모수모인가(누구누구인가) 힐문(꾸짖어 물음)함이 한석진에 명부가 재차(있다)라 하고 출급한즉 거배(우두머리)가 해 명부를 조사하다가 송인서의 기명됨을 견하고 일시난타함은 피착시에(잡힐 시에) 불신자라고 위언한 고(때문)이었다(하략) (pp. 136-137).

〈1914년 6회 황해노회〉
6. 사경부 청원에 의하여 하기사경선생은 송인서 목사를 청하고 기타 절차는 해 부에 전임케 하다(p. 147).

〈1922년 평서노회〉
7. 1922년(임술) 2월 2일에 진남포 비석리예배당에 회집하여 조직장 송인서 목사의 인도로 노회를 조직하니 평서노회라. 거년 추기총회에서 평남노회가 셋으로 분립할 인가를 승함이라. (중략) 회장이 송인서요, 서기는 김치근이요, 회계는 이윤모이러라(p. 376).

〈1923년〉
8. 1923년(계해) 1월 10일 하오 2시 강서노회 제3회가 강서군 느차면 고창리예배당에 회집하여 시무하니 직원은 여전하다. (중략) 목사 변봉도와 이용인과 최준익과 최만렵과 송인서의 시무사면은 허락하고(하략)(p. 377).

▶ 참고문헌

〈1차 자료〉

곽안련 편, 《장로교회사전휘집》(경성: 조선야소교서회, 1918).
정인과 편, 《야소교장로회연감》(1940).
차재명, 《조선예수교장로회사기 상권》(조선기독교창문사, 1928).
한국기독교역사연구소 엮음, 《조선예수교장로회사기 하권》(서울: 한국기독교역사연구소, 2000).
〈그리스도 신문〉 1897년 12월 9일자.
〈그리스도 신문〉 1901년 10월 3일자.
《대한예수교장로회독노회 제1회 회록》

〈2차 자료〉

기독교대백과사전편찬위원회, 《기독교대백과사전 9권》(서울: 기독교문사, 1893).
마포삼열박사전기편찬위원회 편, 《마포삼열 박사의 전기》(서울: 대한예수교장로회 총회교육부, 1973).
옥성득, "평양대부흥운동과 길선주 영성의 도교적 영향", 〈한국기독교와 역사〉 제25호(2006. 9.).

장로교 최초 목사 7인 리더십

임희국 교수(장신대)

4. 양전백 목사의 목회 리더십

참 하나님의 사람 양전백

1. 들어가는 말

평양장로회신학교(현, 장로회신학대학교의 전신)는 1907년 6월 첫 졸업생(제1회) 7명을 배출하였다. 1901년 가을에 개교(開校)한 지 6년 만에 가진 첫 졸업식이었다. 졸업식은 이 신학교 역사의 첫 장(章)을 매듭지었고 또 한국 장로교회의 역사에도 새로운 장을 열었다. 석 달 뒤(9월)에는, 한국 장로교회의 독(립)노회가 성립되었고 이 자리에서 졸업생 모두 다 목사로 장립하였다. 이들은 한석진, 양전백, 방기창, 송인서, 이기풍, 길선주, 서경조였다. 장로교회의 첫 목사들이었다.

첫 졸업생 7명이 신학교를 졸업하기까지 '학습교인, 입교인(세례교인), (선교사)어학교사, 조사, 장로 그리고 목사후보생의 단계'

를 거쳤다. 목사안수와 더불어, 지금까지는 선교사의 동역자로서 '조사'(助事) 노릇을 했는데 이제부터는 그들과 수평적 관계에서 일하는 '목사'(牧師)가 되었다.

초창기 한국 장로교회의 형성과정에서 성경을 배우는 사경회가 결정적인 역할을 했고, 여기에서 조사들이 토착인 지도자 노릇을 했다. 이와 맞물려서 1890년에 선교정책으로 채택된 네비우스 선교원리는 토착교회 형성의 이정표였다. 이 선교원리인 3자(자전, 자립, 자치)원칙은 토착교회 지도자들의 지도력을 배양하는 밑거름이 되었다.

이 글은 제1부와 제2부로 나뉘어 있다.[1] 제1부에서는 한국 장로교회의 독(립)노회가 성립되기까지(1907년) 토착인 교회 지도력이 어떻게 형성되었는지 살펴보고자 한다. 제2부에서는 양전백의 생애를 서술하고자 한다. 그의 주관으로 간행된 《朝鮮예수敎 長老會史記》(1928년)가 서술에 필요한 한 귀중한 자료이고, 또 최근에 장로회신학대학교가 선교사 보고서를 모으고 번역하여서 발간한 《한국교회 대부흥운동 : 1903-1908》은 이 연구를 위한 중요한 자료이다.[2] 그런데 서술에 꼭 필요한 기록 자료를 충분히 찾지 못하여 아쉬운 대목이 자주 등장할 것이다.

---

[1] 이 글은 필자의 원고 두 개를 하나로 합친 것인데, 그 제목이 각각 "양전백, '하나님의 사람'"(《숲과 나무》(2004년 6월))과 "1907년 무렵, 한국 장로교회의 토착 지도력 형성과정"(장로회신학대학교 2007년도 국제학술대회 발제문)이다.
[2] 차재명, 《朝鮮예수敎 長老會史記》, (서울: 신문내교회당, 1928). 옥성득, 임성빈, 임희국 편집기획/서원모 책임번역, 〈한국교회 대부흥운동: 1903-1908〉, (서울 : 장로회신학대학교출판부, 2007).

2. 자전(自傳, self-propagation), 자립(自立, self-support), 자치(自治, self-government)를 통한 토착교회의 형성

네비우스(Nevius) 선교방법으로 잘 알려진 자전(自傳)·자립(自立)·자치(自治)의 선교원리는 본래 한국에서 일하는 미국 선교사들이 1890년에 중국 산둥 지역 선교사 네비우스를 서울로 초청하여 소개받은 것이다. 이 선교원리는 한국의 선교정책으로 그대로 채택되어 실천하였다. 스스로 자원하여 전도하고, 자비량으로 복음을 전하며 자립경제의 정신으로 자급 부담하여 교회와 학교를 설립하고, 독자적이고 독립적인 교회치리가 사역의 알맹이었다.[3]

(1) 자전(自傳), 자립(自立)

1) 토착교회 형성의 '못자리'로서 사경회[4]

1907년 평양 대각성운동은 사경회 기간에 일어났다. 해마다 겨울철에 평양에서는 다양한 사경회가 열렸다. 북한 서북지역의 교

---

[3] 네비우스 선교방법에 대해서 긍정적인 평가와 부정적인 비판이 나란히 양립하고 있는데, 백낙준은 이 선교방법이 한국교회 토착화의 '주춧돌'이라 보았고, 박순경은 그러한 해석이야말로 한국교회가 서양 기독교의 연장이라는 사실을 말해주는 것일 뿐이라고 비판하였다. 평양 선교사 마포삼열(S. A. Moffett)의 아들 마포삼열(S. H. Moffett)은 양쪽의 입장을 골고루 경청하고, 네비우스 선교정책이 자립경제를 지나치게 강조한 나머지 자립재정(돈)을 교회성장과 성숙의 척도로 삼았다는 비판에 공감하면서, 그렇지만 이 선교방법이 전 세계에서 '유일하게 한국에서만' 성공하였다는 점을 언급하였다. 임희국, "신앙각성운동을 통한 갱신과 부흥, 토착교회의 형성: 1907년 평양 대각성운동을 중심으로",《한국교회의 영적 부흥과 리더십》(서울: 장로회신학대학교 출판부, 2006), p. 466.

회 지도자들만 참석하는 연합사경회가 열렸고, 1월 첫 두 주간 동안 남자들을 위한 연합사경회가 열렸고, 2월에는 평양의 상인들을 대상으로 하는 특별 사경회가 열렸다. 특별히 1906년 음력설(1월 25일)에 시작된 사경회는 평양 시내 전도운동과 겸하여 열렸는데, 전도 집회의 열기와 전도의 열매가 대단하였기에 평양의 선교사들이 이 사경회에 관하여 본국(미국) 선교부 총무(브라운)에게 보고 서로 자세히 설명했다.[5] 평양처럼, 전국 모든 지역에서 복음 전파와 교회 설립은 사경회를 중심으로 이루어졌다.

사경회는 선교 초창기부터 한국의 장로교회가 토착교회로 정착되는 데 중요한 역할을 하였다.[6] 사경회는 한국인들의 천성과 기질에 잘 부합되는 것이었고, 이 점을 선교사 게일(Gale)이 일찍이 잘 알아챘다. 그는 한국 사람들이 "책 읽기를 좋아하고" "학문을 좋아하는 심성"을 가졌으며 "높은 교육열"을 갖고 있음을 파악하였다.[7] 그는 또한 한국의 예절문화는 성경시대의 유대민족

---

4) 이 부분의 서술은 이번에 장신대에서 발간된 단행본 《한국교회 대부흥운동: 1903-1908》의 사경회 부분을 정리한 것이다. 역시, 〈제2회 소망신학포럼〉의 발제에서는 당시에 발행된 교회신문(〈신학월보〉, 〈예수교 신보〉 등)에 게재된 사경회를 정리하였다. 임희국, 위의 책, pp. 452-457.

5) "마포삼열이 브라운 총무에게 보낸 편지(1906년 1월 31일)", 《한국교회 대부흥운동: 1903-1903》, pp. 80-89; "블레어가 브라운 총무에게 보낸 편지(1906년 2월 1일)", 위의 책, pp. 90-92.

6) 이미 1890-1891년에 선교사 기포드가 언더우드의 집에서 사경회(Bible Class)를 열었다. 참고: Herbert E. Blair, "Fifty Years of Development of the Korean Church", The Fiftieth Anniversary Celebration of the Korea Mission of the Presbyterian Church in the U.S.A.(June 30-July 3, 1934), (Seoul: Post Chapel, John D. Wells School, 1934), p. 120.

7) James S. Gale, *Korea in Transition*(1909), 신복룡 옮김, 《전환기의 조선》, (서울: 집문당, 1999), pp. 110-112.

문화와 아주 친밀하여서 마치 자신이 다윗, 다니엘, 베드로, 바울 시대의 문화를 경험하는 것 같다고 밝혔다.[8] 이를테면, 다윗이 사울 앞에 고개를 숙이고 경배하듯이(삼상 24:8) 한국 사람들도 그렇게 고개 숙이고 절을 한다는 것이다. 성경의 유대인들이 '샬롬' 하며 인사하는데 한국 사람들은 인사할 때에 비슷한 뜻을 가진 '안녕'이라고 인사한다는 것이다.

게일은 한국 사람들의 관습과 언행에 배어 있는 '체면문화'도 잘 이해하였다. 그래서 그는 요한복음에 등장하는 니고데모가 체면을 차리는 전형적인 한국적 인물이라고 하였다. 왜냐하면 그는 예수님을 낮에 찾아오다가는 체면이 손상될까 봐 밤이 되어서야 찾아왔기 때문이다. 이처럼 게일은 약 100년 전 한국사회의 생활관습과 예절문화가 성경시대의 문화와 – 서양문화보다 더 – 가깝다고 생각했다. 이러한 게일의 선교자세와 한국 전통문화에 대한 인식은 우리에게 예수 그리스도의 복음을 – 서양문화의 옷을 벗겨낸 복음을 – 한국 전통문화에 곧바로 '접목'시킬 수 있다는 가능성을 보여 주었다.[9]

게일이 말한 대로, 성경은 당시의 한국 교인들이 즐겨 읽는 하나님의 말씀이었고 또 성경 배우기는 '배움을 갈망하는 천부적인 기질이 있는' 사람 누구나 '재미있게' 공부하는 시간이 되었다. 이 점을 잘 파악한 다른 선교사들도 '성경을 주교재'로 사용하는 사경회를 통해 남녀노소 모든 교인에게 신앙교육을 시켰다. 모두

---

8) 위의 책, pp. 114-115.
9) 참고 : 임희국, "초기 내한 선교사들의 한국문화 이해", 〈선교와 신학〉제13집, 2004, pp. 53-84.

를 위한 모두의 사경회였던 만큼, 사경회의 종류가 참석대상과 참석범위에 따라 다양하였다. 개(個) 교회의 사경회, 같은 지역(시찰) 여러 교회들이 함께 모이는 사경회, 지역의 중심 도시(예, 평양)에서 모이고 전국의 교인들이 참석하는 연합사경회, 남자들만 참석하는 사경회, 여자들만 참석하는 사경회, 남녀가 함께 참석하는 사경회, 교회 지도자(예, 조사)들만 참석하는 사경회 등이 있었다.

시간이 지남에 따라, 토착인 교회 지도자(예, 조사)들이 사경회를 인도하며 성경을 가르치게 되었다. 범위가 큰 연합사경회(예, 평양)는 주로 선교사들이 사경회를 인도하고 가르쳤고, 시찰의 여러 교회들이 함께 모이는 사경회에서는 선교사와 조사들이 함께 가르쳤고, 개 교회별로 모이는 사경회는 처음부터 끝까지 조사들이 가르쳤다. 개 교회별로 모이는 사경회의 횟수가 훨씬 더 많았으므로, 대부분의 사경회는 실제로 토착인 교회 지도자 조사들이 인도했다.

사경회는 대체로 농한기인 겨울철(주로 음력설 연휴기간)에 열렸으며, 보통 열흘에서 2주일 동안 열렸다. 사경회의 비용(여행교통비, 숙박비, 수업료 등)은 맨 처음에 선교부가 보조했으나 조금 지나자 전적으로 참석자 본인이 부담하였다. 사경회의 주된 목적이 성경 공부였으므로, 사경회는 성경을 주제별로 가르치거나 책별로 가르치거나, 한 절씩 주석적으로 책의 개요를 정리하는 방식으로 가르쳤다. 이 가운데서 마지막 방법(한 절씩 주석적으로 책의 개요 정리)이 가장 인기 있었다. 이와 함께 장로교회의 사경회에서는 성경공부와 함께 기독교 교리를 가르쳤고, 교회의 행정과 정치를 다루었으며, 때때로 교회 지도자들의 회의도 겸하였다.[10]

사경회의 진행은 이러하였는데, 묵고 있는 숙소별로 새벽에 기도와 찬양으로 예배를 드렸다. 아침을 먹고 나서 모두 예배당으로 모였고, 참석자들은 30분 동안 경건회를 가졌으며, 그 후 반별로 흩어져서 아침 성경공부를 하였다. 오후에는 다시 한 번 성경공부를 하였고, 그러고 나서 찬송을 배웠다. 자주, 늦은 오후에는 축호전도를 하였다. 저녁에는 부흥회나 전도집회를 가졌다. 앞에서 언급한, 1906년 평양 구정(음력설) 사경회에서는 오후에 둘씩 짝을 지어 할당된 동네로 가서 전도용 소책자와 초대장을 들고 가가호호 복음을 전하면서 집집마다 초대장을 돌렸다.

이처럼 축호전도를 겸한 사경회는 한국인의 기질과 심성에 잘 맞아떨어진 성경공부가 자전(自傳)의 선교원리, 곧 스스로 자원하여 전도하는 원리와 조화를 이룬 경우라고 평가할 수 있다.

2) 새벽기도회

새벽기도회는 사경회에서 '자발적으로' 시작되었고, 1904년 평양 사경회에서 새벽기도회가 사경회의 정식 순서에 포함되었다. 자발적으로 시작된 만큼, 이것은 선교사들이 가르쳐 준 것이 아니라 우리의 토양에서 자생적으로 시작된 경건훈련임이 분명하다.[11] 길선주 목사의 새벽기도회는 그가 평양 장대현교회 담임목

---

10) 이 점에서 장로교회의 사경회는 감리교회의 사경회와 그 성격이 구별되었다고 보는데, 감리교회의 사경회는 대중의 계몽(개화를 포함)에 크게 역점을 두었다. 임희국, "신앙각성운동을 통한 갱신과 부흥, 토착교회의 형성: 1907년 평양 대각성운동을 중심으로", pp. 454-456. 또한, 이덕주에 따르면, 장로교회의 사경회는 1906년 여름까지 감리교회적 부흥운동에 별로 관심이 없었다고 한다. 이덕주, 〈한국 토착교회 형성사 연구〉, (서울: 한국기독교역사연구소, 2000), p. 113, 115.

회자로 일하던 1909년에 장로 박치록에게 둘이서 매일 새벽 4시 30분에 기도하자고 제안하면서 시작되었다.[12] 둘이서 그렇게 실천하자, 다른 교인들도 하나둘씩 함께 참석하기 시작했고, 한 달이 지나자 약 20명이 매일 새벽에 기도회로 모였다. 그러자 길 목사는 주일 예배시간에 공식적으로 교인들에게 새벽기도회에 관하여 알렸다. 당장, 그 이튿날 새벽 2시부터 약 400명이 4시 30분에 시작되는 기도회를 기다렸고, 시작 시간에는 그 수가 약 600명으로 늘어났다. 한 주간이 지나면서 매일 새벽에 700명이 참석하였다.

3) 교회의 학교설립, 교회건축

경제적 자립을 통한 토착교회의 형성은 교회가 학교를 설립한 경우에서도 뚜렷하게 나타났다. 앞에서 서술한 바 배우기를 좋아하고 배움을 열망하는 한국인의 기질과 함께, 청일전쟁(1894년)과 러일전쟁(1904)을 겪으면서 국운(國運)이 기운다는 엄정한 현실을 피부로 느끼며 갖게 된 미래에 대한 불안감, 게다가 전통 생활관습과 전통종교가 더 이상 삶의 정신적 지주 역할을 하지 못한다는 판단에서, 19세기 말 이래로 선각자들과 교회들은 미래를 위한 인재를 양성하고자 자립으로 학교를 설립하였다. 서울에서 시작된 교회의 학교설립은 전국적으로 확산되었는데, 특별히 북한 서북

---

11) 새벽기도회의 기원과 발전에 대해서는 옥성득, "평양 대부흥운동과 길선주 영성의 도교적 영향," 〈한국기독교와 역사〉 제25호 (2006. 9): pp. 75-81을 보라.
12) 《한국 교회 대부흥 운동: 1903-1908》, pp. 244-245. 옥성득에 따르면, "장대현교회의 이 새벽기도가 1906년에 일어난 것으로 보게 된 것은 김인서가 1936년에 발표한 '靈溪先生小傳(續一)', 〈신앙생활〉, 1936년 1월, 28쪽 때문"이었다. 옥성득, "평양 대부흥운동과 길선주 영성의 도교적 영향", pp. 79-80.

지역의 학교설립이 왕성하였다.[13]

교회의 학교설립을 북한의 서북지역으로 한정시켜서 살펴보면, 1898년에 평양의 판동(널다리)교회와 의주군의 남산교회가 각각 학교('사숙')를 설립하였다. 1900년에는 의주읍교회, 선천읍교회, 황해도 황주군 용연교회가 각각 사숙을 설립하였다. 교회들이 학교를 설립한 동기는 하나같이 '교인 자녀들을 교육하기 위함'이었다. 전통 한문교육과 신(新)지식교육(영어·산수 등)에 경건교육(성경·기도)을 병행하였다.

이보다 조금 앞서, 1895년에 우리나라의 근대 '중등학교'가 시작되었는데, 1897년 10월에 평양으로 부임한 선교사 배위량이 자기 집 사랑방에서 중등 교육반을 발족시켰다. 흔히 '사랑방 학급'으로 알려진 이곳이 '숭실학당'의 모체가 되었다.[14] 그는 한학자이자 교인인 박자중(朴子重)과 함께 학생들을 지도하였다. 당시의 학생들은 이미 초등학교를 졸업했거나 상당한 기초 실력을 쌓은 청년들이었다. 이들은 정식으로 개교하기까지 예비교육을 받았다. 사랑방 중등교육반은 이듬해(1898년) 가을에 정식으로 학생모집을 공고하였다. 1904년에 첫 졸업생이 배출되었다. 그러자 숭실학교는 또다시 대학부를 설치하여 1905년에 '대학 교육과정'을 시작하였다.

---

13) 참고 : 임희국, "한국 교회 초기 기독교학교 설립에 대하여. 토착교회의 기독교학교 설립운동을 중심으로", 〈장신논단〉제27집, 2006, pp. 39-74.
14) 《숭실대학교 90년사》(숭실대학교, 1987), pp. 66-75. 그런데, 숭실이라는 학교 이름은 창립 당시는 물론이고 1900년까지도 사용되지 아니하였다고 한다. 그 무렵에는 그저 학당 또는 중학교로 불렸다. 당시의 영문보고서들도 그저 Pyeng Yang Academy로 표기하였다. 학교 이름은 1901년에 가서 '숭실'로 정해졌다고 한다.

평양의 대학 설립은 그 지역 교인들의 염원이었다. 여기에서 우리는 토착교회의 자립정신을 발견하게 되는데, 1906년 음력 5월(6월경)에 지역의 교회 지도자들이 장대현교회에 모여서 '우리 스스로의 힘으로' 대학을 설립하자고 결단하면서 즉석 모금을 하였다.15) 그러자 당장에 논밭을 바친 사람 6-7명이 나오고, 고가의 집을 바친 사람, 이제부터 날마다 죽을 때까지 10전씩 헌금하기로 작정한 사람, 해마다 신화 5원씩 헌금하기로 작정한 사람, 건축 자재(목재, 주춧돌, 대못)를 바치겠다는 사람들, 갖고 있던 보석과 귀중품(시계, 반지, 은장도 등)을 내놓는 사람들, 심지어는 물질 대신에 노동으로 헌신하겠다는 사람들까지 나왔다. 그리고 평안남북도와 황해도의 교회들이 대학설립을 위해 동참하겠다고 밝혔다.

평양의 판동교회가 부흥, 발전하여서 장대현에 웅대한 예배당을 짓고 1900년에 이주하였고, 또 교회 이름도 장대현교회로 바꾸었는데, 교회건물을 한국적인 양식으로 지었다. 이와 관련하여, 1896년에 장대현의 땅 800평을 구입할 수 있는 비용의 대부분을 길선주가 헌납하였다.16)

(2) 자치(自治)

1) 한국 장로교회의 자치(自治)를 향한 공의회시대(1893-1906년)
이미 자전(自傳)한 한국 장로교회가 상당 부분 자립(自立)하고 있

---

15) 〈그리스도신문〉, 1906. 7. 19.
16) 허호익, "영계 길선주 목사의 생애와 목회신학"(2007포럼 새벽교회 분당 평화센터 제24차 발표 원고), p. 7.

는 가운데서, 자치(自治)를 향해 나아가며 1893년부터 공의회(公議會)시대가 시작되었다. 1893년에 한국 장로교회의 '치리'(治理) 기구로서 '공의회'가 조직되었고, 이때부터 1906년까지 장로교회는 '공의회 시대'였다.

공의회가 설치된 첫 번째 원인은 교인수의 급증에 따른 교회부흥에 상응하여 치리기구를 설치해야 할 필요성에 있었다. 즉, 이 땅에 예수 그리스도의 복음이 전파된 지 아직 10년이 채 되지 아니한 짧은 기간에 교도위흥(敎徒蔚興)하고 교회가 부흥하였는데, 교인들을 치리할 '상회'(上會)가 아직까지 없으므로, 이를 위하여 선교사들이 공의회를 조직하였다.[17] 이 공의회는 그러나 잠정적인 기구로서 '장래(將來)에 적법(適法)대로 설립' 되는 '치리회'가 나타날 때까지 한시적으로 존속한다는 전제 아래 설치되었다.

여기서 우리의 눈에 크게 들어오는 점이 있는데, 적법절차를 밟은 치리회가 조직될 때까지 잠정적인 기구로서 한시적으로 존속되는 공의회라는 점이다. 이것이 구체적으로 1907년에 조직될 독(립)노회[獨(立)老會, Independent Church]를 미리 지칭한 것인지 잘 알 수 없으되, 독노회는 한국 장로교회 최초의 적법한 치리회(=上會)였으므로, 선교사들이 1893년에 공의회를 조직하면서 이미 독노회 조직을 향한 궤도를 놓았다고 볼 수 있다. 독노회의 조직은 또한 한국 교회의 자치(自治)가 가시적으로 성취된 것인 바, 1893년 공의회의 출발은 한국 장로교회가 독립적인 토착교회로 정착되는 초석이 되었다고 본다.[18]

---

17) 《朝鮮예수敎長老會史記》(1928년), p. 17, 20.

장로교회의 공의회시대는 전반부와 후반부로 나뉘었다. 1893년부터 1900년까지는 '선교사 공의회' 시기(제1기)였고, 1901년부터 1906년까지는 '합동공의회' 시기(제2기)였다. 제1기에는 외국(미국, 캐나다, 호주) 선교사들만이 치리 회원이었고, 제2기에는 선교사와 한국 교회 '총대'들이 합동으로 치리 회원이었다. 제2기의 회원은 한국인 장로 3명, 조사 6명, 외국 선교사 25명이었다. 이렇게 전반부와 후반부로 구분되는 공의회시대는 1893년부터 1906년까지 장로교회에 어떠한 변화가 있었는지 말해 준다. 1893년에

---

18) 3년 뒤, 1896년에 평양을 비롯한 여러 도시를 방문한 미국 북장로교회 해외선교부 총무 스피어(Robert E. Speer)는 귀국하여 47쪽 분량의 보고서를 작성하였는데, 한국에서 토착교회가 형성되어 가는 상황을 자세하게 보고했다. 이 보고서는 다음과 같이 마무리되었다: "(선교현장에서) 우리들의 교회를 설립하는 것이 아니라 오로지 그들의 교회를 설립해야 한다. (……)우리는 모세와 예언자에 관하여 선포하는 자들이며, 그 무엇보다도 그리스도에 관하여 선포하는 자들이다. 그래서 우리는 그리스도의 교회를 세우는 자들이며, 이 교회는 결코 제도로서의 교회 곧 미국의 제도교회가 확장되는 것이 아니다. (……) 그리스도의 몸 된 교회란 어떤 이념이나 제도로서의 교회가 아니며 사랑의 법으로 역사하시는 그분의 능력 안에서 세워지는 교회를 뜻한다." 이 말을 다시 풀이하면, 스피어가 강조한 선교란 미국 교회의 제도와 이념(신학)을 선교현장으로 가져가서 그대로 옮겨 심는 것이 아니라, 성경에 증언된 그리스도의 몸 된 교회가 새로운 토양(문화)에서 새로운 형체로 자라나는 토착교회의 형성을 뜻한다. 복음을 전하러 온 미국 선교사들뿐만이 아니라 복음을 받아들인 한국인들도 처음부터 미국의 복음이 아니라 우리의 복음으로 이해했다. 이와 관련하여 선천에서 일한 미국 북장로교회의 의료선교사 샤록스(Alfred M. Sharrocks)가 다음과 같이 기록하였다: "초창기부터 한국인들은 복음의 전파와 교회의 성장이 우리(미국 선교사)의 일이라기보다는 그들 자신의 일이라고 받아들였다. 우리는 지금 그들로 하여금 앞으로 나아가게 하고, 그들이 그렇게 노력하도록 안내하지만, 이 일을 하는 사람들은 그들 자신이다. Robert E. Speer, "Report on the Mission in Korea of the Presbyterian Board of Foreign Missions," The Board of Foreign Missions of the Presbyterian Church in the USA, 1897, pp. 46-47; J. S. Gale, *Korea in Transition*(1909), 신복룡 역주, 《전환기의 조선》(서울: 집문당, 1999), p. 149.

공의회가 출발할 때만 해도 한국교회 교인들을 대표할 만한 토착 지도자가 없었는데, 그로부터 8년이 지난 1901년에는 장로와 조사 등으로 구성된 토착인 지도자들이 나타났음을 대변한다. 이들 가운데서 2명이－1900년 선교사 회의에서 결정된 바에 따라－1901년에 신학교육을 받기 시작했고, 1907년에는 7명이 평양 예수교 장로회 신학교의 첫 졸업생이 된다.

합동공의회(1901-1906년)의 공식 이름은 '조선야소교장로회공의회'(朝鮮耶穌敎長老會公議會)였다.[19] 합동공의회는 '영어 사용' 회의와 '조선어(우리말) 사용' 회의로 양분되었고, 양쪽 회의가 다루는 의제 또한 서로 달랐다.[20] 우리말 사용 회의에서는 각 지역의 교회형편을 의논하되 특별히 어려움에 처한 교회(예, 흉년)를 돕는 일을 주로 논의하고 결정하였고, 영어 사용 회의에서는 교회의 조직(예, "평양·서울 대리회", "전라·경상 대리회"), 장로교회 헌법 번역작업, 공의회 규칙 제정 등을 다루었다.

이를 통해서 볼 때, 아무래도 교인들 낱낱의 형편과 사정에 보다 더 밝은 토착인 교회 지도자들과 한국교회의 뼈대를 든든하게 세워나가려는 선교사들이 처음부터 서로의 역할을 분담하였다고 판단된다. 중요한 점은, 선교사 회의(영어 사용)에서 1901년부터 이미 독노회의 설립에 대한 방침이 논의되었다는 것이다. 이렇듯이 아직은 선교사들이 무겁고도 중요한 의제를 논의하고 결정했다.

---

19) 《朝鮮예수敎長老會史記》(1928년), p. 82.
20) Charles Allen Clark, *Digest of the Presbyterian Church of Korea*(Chosen) (Seoul: Korean Religious Book & Tract Society, 1918), p. 8.

합동공의회에 소속된 미국 남·북장로교회, 캐나다 장로교회, 호주 장로교회의 선교사회는 각각 본국의 교단 전도부로부터 독노회의 설립을 허락받았고, 합동공의회는 1905년에 "조선예수교 장로회"를 조직하도록 결정했다.[21] 이에 따라 준비위원을 선택하고 준비하는 절차에 들어갔다. 그 이듬해에는(1906년) 독노회가 조직된 그 이후의 일에 대하여 논의하고 결정하였다. 독노회가 조직된 이후에는 합동공의회를 폐지하기로 하고, 노회의 총대는 목사·장로에 국한시키기로 하며, 신학교를 졸업하는 목사후보생은 시험을 쳐서 합격된 자를 '전도목사'로 장립하기로 결정하였다.[22]

2) 평양에 신학교 설립

① 목사후보생의 선발, 교과과정

1900년의 선교사공의회는 토착인 교회 지도자들을 안수받은 목회자로 세우고자 이들에게 신학교육을 시키기로 결정했다. 그 이듬해(1901년) 가을에 선교사 마포삼열이 장대현교회 장로 김종섭과 방기창에게 신학교육을 시키기 시작했다. 그 다음 해에는 목사후보생으로 양전백, 길선주, 이기풍, 송인서 등 4명이 입학하였다. 또 그 다음 해에는 선교사공의회가 목사후보생 7명을 새롭게 모집하였다. 한석진은 1904년에 입학하였다.

---

21) 《朝鮮예수敎長老會史記》(1928년), p. 145.
22) 위의 책, pp. 146.

선교사들이 보기에 토착인(한국) 교회 지도자들 가운데서 자질과 능력이 충분하다고 판단되는 사람들을 '목사후보생'으로 '선발' 했다. 이들은 오랜 세월 사경회를 통하여 자연스럽게 선발되었는데, 처음에는 사경회에 학생으로 참석하다가 차츰 인도자와 선생이 되었다. 또한 이들은 학습교인 · 입교인(세례교인) · (선교사의) 어학교사 · 조사 · 장로의 과정을 거치면서 목사후보생이 되었고, 이미 이들은 '한국교회의 최정예 인물'로 인정받은 바 지금까지 안수 받지 않은 목회자 노릇을 해왔다. 이들은 신학교에 입학하기 전후에 장로로 안수받고 장립하여 각각 조직교회를 이끌었다. 장로로서 교회 지도자와 목회자의 일을 하다가, 1907년에 목사 안수를 받고 장립하여 목사가 되었다.

1902년에 선교사공의회는 5년의 임시 신학교육 과정을 만들고 정식과목과 열람과목(방학 동안에 자습하는 과정)으로 교육시켰다. 학생들은 5년 동안 매년 3개월씩 학교에서 공부하고 나머지 9개월은 목회현장에서 일하였다.[23] 그 이듬해에는 교수의 수도 7명(마포삼열, 방위량, 소안론, 이길함, 한위겸, 편하설 외 1인)이 되었다. 신학교육은 1903년에 본격적으로 시작되었고,[24] 1905년에 기독교 교리, 중세교회사, 이사야서, 로마서 등을 가르쳤으며, 특별히 3학년 반에

---

23) 5년제 신학교육은 1920년까지 지속되었고, 그 이후에는 1년을 2학기로 나누어 3년제가 되었다. 이때부터 한 학기를 3개월 반씩 봄, 가을로 구분하여 1년에 7개월씩 수업하였다. 김인수, 《장로회신학대학교 100년사》(서울: 장로회신학대학교, 2002), p. 85.
24) 김인수, 《장로회신학대학교 100년사》(서울: 장로회신학대학교, 2002), p. 81, 83; Charles F. Bernheisel, *The Rev. Charles F. Bernheisel's Missionary Diary*, 김인수 옮김, 《편하설 목사의 선교일기》(서울: 쿰란출판사, 2004), p. 127.

서는 디모데 전·후서 주석을 배우며 교회치리에 관하여 선생과 학생들이 함께 토론하였다.25) 1906년에는 전국의 선교사공의회가 추천한 학생들 40명이 평양의 신학교에 등록하였다. 학생들 가운데는 나이 어린 청소년이 없었고 모두 다 가정을 이룬 성인이었다. 그 해에 가르친 교과목은 인류학, 요한복음 주석, 여호수아, 사사기, 룻기, 사무엘상·하 등이었다. 또한 학생들은 과외활동으로 운동(특히 축구)을 즐겼다.

② 독(립)노회의 성립과 목사 안수

1907년 6월에 평양장로회신학교는 첫 졸업생 7명을 배출하였다. 이미 자전(自傳)하고 자립(自立)해 있는 한국 장로교회도 역시 "안수 받은 장로가 있는 40개의 조직교회"를 두었기에 노회를 조직하여 첫 졸업생 7명을 목사로 안수하고 장립할 준비를 갖추었다. 이 무렵에 교장 마포삼열이 벅찬 감정을 다음과 같이 토로했다.26)

> 드디어, 1907년 9월 17일에 "조선 예수교 장로회 독노회"가 성립하였다. 미국 남·북 장로회, 캐나다 장로회, 호주 장로회 등 4개 교단의 선교사공의회가 연합하고 일치하여(에큐메니컬) 한국 장로교회의 독노회를 조직하였다. 노회의 회원은 78명(선교사 38명, 한국인 장로 40명)이었다. 노회에서 목사로 장립한 7명은 이제 선교사들과 수평적

---

25) S. A. Moffett, "Theological Instruction", KMF(1905. 9.).
26) 마포삼열, "한국의 교육 사역,"《인테리어》(1907년 2월 14일), p. 1-4,《한국교회 대부흥 운동: 1903-1908》p. 109에 수록.

인 관계에서 함께 동역하게 되었는데, 노회의 임원 구성이 이것을 말해준다: 회장 마포삼열, 부회장 방기창, 서기 한석진, 부서기 송인서, 회계 이길함. 여기에서 다시 한 번 마포삼열의 행적이 주목받는데, 그는 자신이 목회하던 장대현교회의 치리권을 길선주에게 넘겨주며 담임목사의 자리를 이어받게 했다. 그러면서 자신은 이 교회의 협동목사로 일하였다.

3. 참 하나님의 사람 양전백(梁甸伯, 1869-1933)[27]

양전백

격헌(格軒) 양전백은 1870년 3월 10일에 압록강 근처에 있는 의주(義州)군 고관(古館)면 상고(上古)동에서 태어났다. 그가 9세였을 때 집안의 경제 사정이 어려워져서 파산하기 직전에 이르자, 집과 논밭을 다 팔아서 온 식구가 이웃 마을 관동(錧洞)리로 이사하였다. 그 이후에도 집안 형편이 계속 어려워지면서, 1884년에 부친이 얼마 남지 않은 재산을 다시 정리하여 구성(龜城)군 천마(天磨)면 조림(照林)동의 산골로 들어갔다.

어려서부터 양전백은 타고난 출중한 재주를 사람들 앞에서 드러내었다. 한학을 배운 그는 이미 15세 때에 시부(詩賦)에 능통하

---

27) 1907년 2월에 선교사 마포삼열이 신학교의 교장이자 선생으로서 이제 곧 졸업하게 될 목사후보생 7명을 소개하며 보고하였다. 이 문서를 다음의 책에 수록하였다. 《한국교회 대부흥 운동: 1903-1908》, pp. 109-112.

였고, 구성군에 이사한 뒤에는 서당의 훈장 노릇을 하였다. 그렇지만 자신의 공부가 부족하다는 점에 늘 아쉬워했다. 좀더 큰 학문을 배우고자 그는 18세에 집을 떠나 이곳저곳을 찾아다녔다. 그러다가, 의주군 송장(松長)면에 사는 당대의 유명한 유학자 이정로(李挺魯) 선생의 문하생으로 들어갔다. 그의 가르침 아래 경의학(經義學)을 배우고 익히며 높은 수준의 학문을 닦았다. 집으로 돌아온 양전백은 다시 서당의 훈장으로 일하였다. 그는 박영신(朴永信)을 아내로 맞아 결혼하였다.

이렇게 살아가는 양전백에게 그리스도의 복음이 전해졌다. 1892년의 어느 날이었다. 의주에 사는 친구 김관근(金灌根)이 그를 찾아와서 전도하였다. 그는 전도를 냉담하게 뿌리쳤다. 그러나 그의 차가운 대응도 김관근의 뜨거운 복음 열정을 식히지 못하였다. 몇 달 뒤에 김관근이 그를 다시 찾아와 서울로 동행할 것을 권하였는데, 김관근은 그를 사경회에 데리고 갈 속셈이었다. 친구 따라 구경 삼아 서울로 온 양전백은 정동교회에서 열린 전국 도사경회(都查經會)에 참석하였다. 이것이 계기가 되어 그는 기독교 신앙의 길로 들어섰다.[28]

고향으로 돌아온 그는 그때부터 서당에서 글과 성경을 겸하여 가르쳤다. 당시에 이미 동네 사람들 가운데는 예수 믿는 사람이 여럿이었는데, 이들이 예배드릴 마땅한 처소가 없었다. 그래서 김관근의 아버지 김이련(金利鍊)이 동네 사람들과 함께 학당(學堂)을

---

[28] 《朝鮮 예수敎長老會史記》(1928년), p. 31, 35, 39, 40, 50, 97은 양전백이 예수를 믿게 된 계기에 관하여 서술하였다.

창설해서 양전백을 훈장으로 모셨다. 이 학당에서 예배도 드렸는데(1893), 이것이 의주 신시(新市)교회의 시작이었다.

당시의 양전백은 엄밀한 의미에서 아직 신앙의 진리를 제대로 알지 못하였다. 겉으로 보기엔 기독교 신앙인이었으나 속으로는 여전히 유생(儒生)이었다. 이러한 그에게 또 한 번의 계기가 찾아왔다. 그는 서양 선교사가 평양의 시장 근처에 와있다는 소문을 듣고서 자기 마을에서 10마일(약 40리)을 걸어서 마포삼열을 찾아가 그의 말(전도설교)을 유심히 들었다. 거기에서 그는 선교사 마포삼열(馬布三悅, S. A. Moffett)을 만났고 비로소 깊은 신앙의 세계로 인도되었다. 그는 마포삼열에게 세례를 받았다(1893년).

그러나, 동학혁명이 청일전쟁(1894년)으로 발전되는 과정에서 양전백이 훈장으로 일하던 학당이 파괴되었다. 이에 그는 일자리를 잃어버려서 생계마저 이어가기가 힘든 지경이 되었다. 이 같은 상황에서 그는 간신히 난리의 위험을 뚫고 서울로 갔다.

1895년에 고향으로 돌아온 양전백은 난리통에 없어진 교회를 다시 세우고자 자기 집을 팔아서 '400량'을 헌금하였다. 여기에 선교사 이길함(G. Lee)이 '200량'을 더 보태어 초가 6칸을 사서 수리하고 예배당으로 사용하였다. 이리하여 의주(義州)의 신시교회(1895년)가 다시 시작되었다. 당시에 이 지역의 조사는 김권근이었다. 양전백은 이 교회에서 교사로 일하였다.

얼마 후에, 양전백은 평양으로 가서 마포삼열을 만나 북장로교회의 권서직(勸書職)을 받아 일하기 시작하였다. 그 다음에, 김권근의 후임으로 조사(助事)가 되어 평안북도 전역을 돌아다니며 복음을 전하게 되었다(1896년). 선비였던 그는 언제나 책을 펴들고 논리

정연하게 복음을 전하였고, 신앙의 길과 이치가 무엇인지 조리 있게 가르치고 예배의 모범을 철저하게 가르쳤다. 지성적인 그의 복음 전파에 열매가 맺혀서 삭주군 읍내교회가 설립되었고(1896년) 철산군 읍내교회가 설립되었다(1897년).

1897년에 관서지방 선교사들이 순행지역을 조정하였는데, 이길함은 황해도를 맡았고, 마포삼열은 평안남도를 맡았고, 위대모(魏大模, N.C. Whittemore)는 평안북도를 맡았다. 이에 따라 이제부터 양전백은 위대모의 조사가 되어 그와 함께 일하였다. 선교사공의회가 평안북도의 선교중심지를 선천으로 정하자, 위대모가 선천으로 옮겨갔다. 양전백도 그와 함께 구성에서 선천으로 이주하였다(1898년). 그러면서 일 년 전에 설립된 선천읍교회(나중에 선천북교회)를 목회하였다. 그는 위대모와 함께 철산군 평서교회를 설립하였다(1898년). 1902년에 양전백은 선천북교회(선천읍교회가 이름을 바꾸었음)의 장로로 장립하였다.

조사 양전백이 전도하면서 여러 마을에 교회를 세운 행적을 살펴보면, 삭주군(朔州郡)에 읍내(邑內)교회가 설립되는 과정에서 양전백 등이 이 마을 주민 백유계(白留溪) 등에게 복음을 전하였고, 백유계는 동네 사람들에게 기독교서적을 나누어주며 복음을 전하였는데, 그 열매가 열려 읍내교회가 설립되었다(1896년).

철산군(鐵山郡)에도 읍내(邑內)교회가 설립되었다(1897년). 이 교회의 설립은 마을 주민 김경일(金敬一)의 가족 신앙에서 비롯되었다. 그는 의주에서 복음을 받아들이고 집으로 돌아와서 자신과 가족들이 예수를 잘 믿고자 애썼다. 그러나 그는 예배와 신앙의 질서를 전혀 몰랐으므로 매우 난감하였다. 이때 조사 양전백이 이 동네에 들렀다가 이 집을 방문하여서 신앙의 길이 무엇이며 예배가 무엇인지 가르쳐 주었다. 그리고 나서, 선교사 배위량(裵魏兩)이 이 동네에 와서 읍내교회를 설립하게 되었다.

또한, 철산에서 학암(鶴岩)교회가 설립되었다(1897년). 이 마을에 사는 정기정(鄭基定)이 의주에서 복음을 자세하게 듣고 나서 신앙의 진리를 깨닫게 되었다. 그는 이제까지 즐겨 읽던 술서(術書)를 없애 버리고 성경을 깊이 연구하기 시작하였다. 이와 더불어 그는 동네 사람들에게 열심히 전도하였다. 이러한 때에, 양전백과 선교사 배위량이 이 마을에 와서 교회를 설립하였고 정기정은 집사로 피택되었다.

같은 고장인 철산군에 평서(西平)교회가 설립되었다(1898년). 이 마을에 사는 방원태(方元泰)가 선천에서 복음을 듣고 돌아와서 전도하기 시작했다. 그 이후에 양전백과 선교사 위대모가 이 마을로 와서 교회를 세웠다.

선천군에 동림(東林)교회가 설립되었다(1901년). 선천읍에서 복음의 진리를 깨달으며 예수를 믿게 된 김봉헌(金鳳憲), 유정백(劉貞伯), 한석조(韓錫祚), 최기준(崔基俊), 장득곤(張得坤) 등 5명이 마을로 돌아와서 전도하였다. 이러한 가운데서 양전백과 선교사 위대모가 이 마을로 와서 교회를 설립하였다.

정주(定州)군에 청정(淸亭)교회가 설립되었다(1901년). 이 마을에 사는 이준영(李俊英)이 평양에 있는 정익로(鄭益魯)에게 전도를 받고 양전백에게 그리스도의 진리를 배우면서 믿음이 자라났다. 그는 마을에 돌아가서 전도하였다. 이에 이 마을에 예수 믿는 사람들이 늘어났다. 양전백과 선교사 위대모가 이 마을을 순방하여 교회를 설립하였다.

이렇게 일하는 동안에 양전백은 지역교회의 토착인 지도자가 되었다. 선천읍교회에서 평북 도사경회가 개최되었을 때(1900년), 그는 관서전도회를 조직하였다. 같은 해에 그는 교인 자녀들의 교육을 위하여 명신(明信)학교를 설립하여서 교장으로 일하였다. 또 선천읍교회(북교회)의 초대장로로 장립되었다(1902. 1). 장로가 된 이후에 더욱 열심히 복음을 전한 그는 선천의 동쪽 지역을 자신의 전도구역으로 맡았다. 이 무렵에 그는 평양의 장로회신학교에 입학하여서 본격적으로 신학교육을 받기 시작하였다.

선천군의 신미도(身彌島)에 신미도교회가 설립되었다(1904년). 이 교회의 설립은 의주에 사는 최응하(崔應河)가 이 섬에 와서 전도한 결실이었다. 그의 집에서 여러 성도들이 예배드리고 있었는데, 선교사 위대모와 조사 양전백이 이 섬에 찾아와 정식으로 교회를 설립하였다. 또한, 그는 김석창(金錫昌), 노정관(魯晶琯) 등과 함께 신성중학교를 설립하였다(1906. 7).

1907년에 양전백은 평양장로회신학교를 제1회로 졸업하였다. 그 해에 조직된 대한예수교 장로회 독노회에서 그는 목사안수를 받았다. 이것은 초창기 한국 장로교회에서 대단히 중요한 사건인 바, 토착인 교회 지도자들이 안수를 통하여 이제부터 그리스도의 양무리를 돌보는 목회자로서 일하게 되었다. 이때 안수받은 목회자는 한석진, 길선주, 방기창, 이기풍, 송인서, 서경조, 양전백 등이었고, 이들은 한국 장로교회의 첫 일곱 목사였다.

조선예수교 장로회 독노회는 양전백에게 평북의 선천, 정주, 박천 등지의 교회에서 순행목사(巡行牧師)로 일하도록 명하였다. 시간이 지남에 따라 그가 맡은 목회구역이 점차 확대되었는데, 그는 초산, 위원, 강계, 자성 등지의 압록강 부근뿐만이 아니라 만주의 즙안, 통화, 회인현까지 맡게 되었다.

1909년에 그는 선천에 있는 선천읍교회(북교회)의 담임목회자로 부임하였다. 이 교회에서 그는 세상을 떠날 때까지(1933년) 일생 동안 일하였다. 목회자 양전백은 한결같이 학교교육에 커다란 관심을 가졌으므로 보성여학교의 설립을 적극 후원하였다. 또한 그는 교회의 사회봉사에도 열정을 쏟아부었는데, 그는 선천의 대동고아원을 설립하였다.

대한제국이 일본에게 나라의 주권을 빼앗기고 1년이 지난 1911년에 양전백은 이른바 '105인 사건'에 연루되어 체포되었다. 이 사건은 일제가 국내 반일민족세력을 제거할 목적으로 합법성을 가장한 재판제도를 채용하여 조작한 대규모 한민족탄압사건이었다(윤경로, 《105인 사건 공판참관기》, p. 7쪽). 당시에 이 사건의 이름은 "데라우치 총독모살미수사건"이었다.

이 사건을 조작한 총독부의 주장에 따르면, 1910년 음력 8월에 데라우치 총독이 압록강 철교개통식의 축하를 위해 서북지방 시찰에 나선다는 풍설이 나돌았고, 이 소문을 들은 서울 신민회의 간부들은 여러 차례 비밀 모임을 갖고 총독 암살 계획을 모의하였다는 것이다. 이 거사의 실행방법은 서북지역에 사는 주민들 가운데서 일본에 대한 반감이 강한 사람들을 모아, 총독이 방문하는 경의선 주변의 8개 도시의 역전에서 환영객으로 가장하여 총독을 암살하기로 하였으며, 이 거사의 배후에는 외국 선교사들이 사주하고 지휘하였다는 것이다.

　이 주장을 요약하면, 서북지역의 반일(反日)인물들 가운데서 특별히 개신교회 지도자들이 선교사들의 사주를 받아 총독 암살을 여러 차례 시도했다는 것이다. 일제는 이 사건의 조작을 위해 1911년 음력 9월 3일부터 피의자를 체포하기 시작하였다. 그날 오전에 선천 신성중학교의 교사와 학생들이 아침 기도회를 마치고 각자 교실로 들어가려는 중이었는데, 갑자기 일경이 나타나서 교사 7명과 학생 20명을 서울로 압송하였다. 그러고 나서 대대적으로 피의자 검거가 진행되었다. 목사 양전백도 체포되었다.

　서울로 압송된 피의자들은 가혹한 고문을 받았다. 일제는 짜놓은 각본에 따라 심문관이 일방적으로 사건 내용을 열거했고, 피의자가 "예"라고 대답할 때까지 무자비한 고문을 가하였다. 고문을 견뎌내다가 더 이상 견디지 못한 사람들은 심문 과정에서 사망하였다(김근형, 정희순 등). 결국, 피의자 가운데서 몇몇(선우훈, 홍성린 등)을 제외한 기소자 모두는 고문을 이기지 못하여 허위로 자백할 수밖에 없었다. 이 사건에 휘말려 체포되어서 법정에 기소된 사람의 수는 123명이었다. 이들 가운데서 105명이 유죄판결을 받았다. 그래서 오늘날 이 사건을 '105인 사건'이라고 부른다.

　양전백은 제1심에서 6년형을 선고받았고, 제2심에서 무죄를 선고받아 1913년 3월에 석방되었다. 선천으로 돌아온 그를 맞이하는 환영 인파가 기차역 광장을 가득히 메웠다. 3년 만에 다시 강단에서 설교하려던 그는 맨 먼저 자신의 죄를 고백하였다.

　"나는 이제 교직(教職)을 사(辭)하여야 되겠습니다. 연약한 육신을 가진 나는 재감중통초(在監中痛楚)에 이기지 못하여 하지 않은 일을 하였다고 이 입으로 거짓말을 하였으니 주의 교단에 설 수 없는 자가 되었습니다"[〈신학지남〉(1933. 3), 31쪽]. 이 고백을 듣는 성도들이 모두 다 눈물을 흘리고 통곡하기 시작하였다. 그동안 이들은 마치 '목자 잃은 양처럼' 남쪽(서울) 하늘만 바라보며 목사님이 석방되어 무사히 돌아오기만을 간절히 기다리고 있었기 때문이다.

1914년에 양전백은 장로교회 평북노회의 회장이 되었고, 1916년에는 장로교회 총회(제5회 총회)의 회장으로 선출되었다. 그는 교회의 지도자로서 온화한 인품과 특유의 감화력으로 교계를 이끌어 갔다. 그러한 그가 민족의 지도자로 나서게 되었는데, 1919년 3월의 '3·1운동'에 그는 민족대표 33인 가운데 한 사람으로 참가하였다.

그 해 2월에 그는 정주에 사는 이승훈(李昇薰)으로부터 운동 계획을 전해듣고 여기에 가담하기로 하였다. 유여대(劉如大), 이명룡(李明龍), 김병조(金秉祚) 등 평북지역의 지도자들과 함께 그는 동지들을 규합하였다. 2월 28일 서울에 도착한 그는 이튿날 명월관에서 거행된 독립선언식에 민족대표 33인의 한 사람으로 참석하였다. 그런데 현장에서 체포되어서 서대문형무소에 수감되었다. 그리고 3년 동안(미결수 1년 6개월, 기결수 1년 6개월)의 옥고를 치렀다.

1922년 1월에 양전백은 선천북교회의 담임목회자로 다시 돌아왔다. 또한 그는 3·1운동으로 폐허가 되다시피 한 명신학교를 재건하였고, 이 학교의 교사(校舍)를 새로 지어서 재단법인으로 인가를 받았다(1926년). 이 무렵에 그는 장로교회의 역사를 편찬하는 책임을 맡았다. 그는 교회사 자료를 수집하며 집필하기 시작하였고,

서울의 피어선 성경학원에 머물면서 《조선장로교회사기》를 썼다 (1927년).

그러던 중에 그는 갑자기 병을 얻어서 선천으로 돌아와야 했다. 약한 몸으로 계속 선천북교회를 목회하던 그는 1933년 1월 17일에 64세의 나이로 자택에서 세상을 떠났다. 유족으로 부인 박영신과 2남(윤모, 윤직) 4녀(윤성, 윤정, 윤숙, 윤도)가 있었고, 장례는 선천 기독교사회장으로 치렀다. 1962년 3월 1일 대한민국정부는 그에게 건국공로훈장 대통령장을 추서하였다.

40년 동안 그리스도의 몸 된 교회를 섬긴 양전백은 목회자로서 3천 명 이상에게 세례를 베풀었고, 그가 일평생 동안 전도여행한 거리를 합하면 12만 여 리에 달하였다. 그의 죽음을 애도하면서 추모의 글을 실은 잡지 〈신학지남〉(1933. 3)은 일평생 성실하게 목회하면서 순수하고 아름다운 품성을 보여준 그를 흠모하며 다음과 같이 서술하였다 : "선생(先生)은 웅변(雄辯)의 인(人)도 아니오 문장(文章)의 인(人)도 아니며 팔면윤달(八面潤達)한 사교(社交)의 인(人)도 아니오 기책종횡(奇策縱橫)한 지략(智略)의 사(士)도 아니다. 다만 강직(剛直)한 의(義)의 인(人)이며 자애(慈愛) 깊은 정열(情熱)의 인(人)이다. 비리(非理)와 불의(不義) 앞에는 추호(秋毫)도 굴(屈)치 않는 마음, 빈천(貧賤)과 약자(弱子)를 보고는 동정(同情)의 눈물을 흘리는 마음, 그는 참으로 하나님의 사람이었다"(31-32쪽).

연필로 스케치하듯이 양전의 삶을 큰 윤곽으로 잡아보면, 그의 일생을 '목회자', '교육자', '독립운동가' 로 그릴 수 있다. 그런데 그는 무엇보다도 '하나님의 사람'으로서 그렇게 살았다. '하나님의 사람'을 철두철미하게 의식한 데서 그의 목회 지도력, 곧 리더십이 발흥했다고 본다.

▶ 참고문헌

- 옥성득, 임성빈, 임희국 편집기획/서원모 책임번역, 《한국 교회 대부흥 운동: 1903–1908》, 서울 : 장로회신학대학교출판부, 2007.
- 차재명, 《朝鮮예수敎 長老會史記》, 서울: 신문내교회당, 1928.
- 김인수, 《장로회신학대학교 100년사》, 서울: 장로회신학대학교, 2002., 《숭실대학교 90년사》, 숭실대학교, 1987.
- 이덕주, 《나라의 독립, 교회의 독립》, 서울: 기독교문사, 1988.
- _____, 《한국 토착교회 형성사 연구》, 서울: 한국기독교역사연구소, 2000.
- Bernheisel, Charles F. *The Rev. Charles F. Bernheisel's Missionary Diary*, 김인수 옮김 《편하설 목사의 선교일기》, 서울: 쿰란출판사, 2004.
- Gale, James S. *Korea in Transition*(1909), 신복룡 옮김, 《전환기의 조선》, 서울: 집문당, 1999.
- Clark, Charles Allen. *Digest of the Presbyterian Church of Korea*(Chosen), Seoul: Korean Religious Book & Tract Society, 1918.
- Speer, Robert E. "Report on the Mission in Korea of the

Presbyterian Board of Foreign Missions." *The Board of Foreign Missions of the Presbyterian Church in the USA*, 1897.
- 옥성득, "평양 대부흥운동과 길선주 영성의 도교적 영향,"《한국기독교와 역사》제25호 (2006. 9), pp. 75-81.
- 임희국, "초기 내한 선교사들의 한국문화 이해", 〈선교와 신학〉제13집, 2004, pp. 53-84.
- _____, "신앙각성운동을 통한 갱신과 부흥, 토착교회의 형성: 1907년 평양 대각성운동을 중심으로",《한국교회의 영적 부흥과 리더십》, 서울: 장로회신학대학교 출판부, 2006, pp. 435-476.
- _____, "한국 교회 초기 기독교학교 설립에 대하여 토착교회의 기독교학교 설립운동을 중심으로", 〈장신논단〉제 27집, 2006, pp 39-74.
- 허호익, "영계 길선주 목사의 생애와 목회신학", [2007포럼(새벽교회 분당 평화센터) 제 24차 발표 원고].
- Blair, Herbert E. "Fifty Years of Development of the Korean Church," *The Fiftieth Anniversary Celebration of the Korea Mission of the Presbyterian Church in the U.S.A.* (June 30-July 3, 1934), Seoul: Post Chapel, John D. Wells School, 1934), pp. 117-133.
- 〈그리스도신문〉, 1906. 7. 19.
- Moffett, S. A. "Theological Instruction," KMF(1905. 9).

장로교 최초 목사 7인 리더십

강치원 교수(안양대)

5. 논찬·총평

방기창, 서경조, 송인서, 양전백 목사 논찬·총평

1. 이름을 부르며

"Stat rosa pristina nomina nuda tenemus."

이탈리아 볼로냐 대학의 기호학 교수인 움베르토 에코(Umberto Eco)가 쓴 소설 《장미의 이름》에 나오는 마지막 문장이다. 6개의 단어로 이루어진 이 문장의 뜻은 무엇인지, 그리고 책의 제목을 여기에서 따온 의도가 무엇인지 사람들은 궁금해 했다. 이 6보격(步格) 시구는 '지난날의 장미는 단지 이름으로만 존재하며, 우리에게 남아 있는 것은 공허한 이름일 뿐이다'로 번역할 수 있다. 장미라는 아름다운 모양도, 장미꽃이 풍기는 아름다운 향기도 없는 그저 이름만 남는다는 것이다. 이러한 의미를 가진 '장미의 이름'

은 소설의 제목으로서 맨 처음과 마지막을 장식한다. 이것은 다분히 의도된 것이다. 그것이 무엇인지 묻는 질문에 에코는 다음과 같이 말한다.

"우리에게서 사라지는 것들은 그 이름을 뒤로 남긴다. 이름은 이 세상에 존재하지 않는 것은 물론이고 존재하다가 그 존재하기를 그만둔 것까지도 드러낼 수 있음을 보여준다."[1]

에코는 'nomen nudum'이라는 생물학적인 전문용어를 사용해 사라지는 것은 단지 이름만 남기지만 그러나 그 이름은 "이 세상에 존재하지 않는 것은 물론이고 존재하다가 그 존재하기를 그만둔 것까지도 드러낼 수 있다"고 말한다. 이것이 어떻게 가능할 수 있을까? 여기서 우리는 시인 김춘수의 말에 귀를 기울일 필요가 있다. 그는 '꽃'이라는 시에서 이렇게 읊고 있다.

"내가 그의 이름을 불러 주기 전에는
그는 다만
하나의 몸짓에 지나지 않았다.

내가 그의 이름을 불러 주었을 때
그는 나에게로 와서
꽃이 되었다……."

---

[1] 움베르토 에코, 《장미의 이름》.

향기가 나지 않는 이름뿐인 장미이지만 그 이름을 불러주었을 때 이름뿐인 장미가 향기나는 꽃이 된다는 김춘수의 통찰은, 이름은 "이 세상에 존재하지 않는 것은 물론이고 존재하다가 그 존재하기를 그만둔 것까지도 드러낼 수 있다"는 에코의 입장을 입체감 있게 보여준다. 동시에 에코보다 훨씬 더 역사를 살아 있게 만드는 방법을 설명하고 있다.

오늘 우리는 우리에게 남겨진 방기창, 서경조, 송인서, 양전백이라는 네 이름을 들었다. 이 네 이름은 존재하다가 마침표를 찍고 생명을 잃은 이름이다. 그래서 그 자체로는 의미 없는 이름일 뿐이다. 그러나 네 분의 학자를 통해 그들의 이름이 불려지자 그들은 우리에게로 와 꽃이 되었다. 활자 속에 갇혀 있던 그들의 리더십은 다시금 생동감 있는 이야기로 우리에게 말을 걸어오고, 우리의 가슴을 뜨겁게 하였다. 이런 의미에서 네 사람의 이름을 불러준 차종순 총장님과 임희국 교수님과 정성한 교수님과 탁지일 교수님께 깊은 감사를 드리지 않을 수 없다.

지나간 사람의 이름을 부른다는 것은 쉬운 것 같지만 실상은 땀을 흘리지 않고는 부를 수 없다. 장미의 이름을 향기 나는 꽃이 되게 하기 위해서는 수많은 실마리들을 찾고, 수집하고, 해석하고, 평가하는 세밀한 수작업을 거쳐야 한다. 때론 '산산이 부서진 이름'의 조각들을 찾아 쾨쾨한 도서관 구석들을 누벼야 하며, 때론 먼지 냄새 나는 고서들을 들추어야 하며, 때론 '허공 중에 헤어진 이름'의 파편들을 맞추기 위해 쓰고 지우기를 수없이 해야 한다. 이러한 것보다 더 힘든 것은, "떨어져 나가 앉은 산 위에서 / 나는

"그대의 이름을 부르노라"고 김소월이 '초혼'에서 고백하듯, 과거와 현재가 맞닿는 접점에서 설움에 겹도록 이름을 불러야 하는 역사가의 과제이다.

이 과제를 어떻게 풀어나가야 할지 한계를 알기에 역사가에게는 활자로 남은 이름이 때론 "부르다가 내가 죽을 이름"으로 다가오기도 한다. 그래서 잉크 냄새 나는 이름을 향기나는 꽃으로 만드는 일은 인고(忍苦)의 작업을 거쳐 한 생명을 새로이 탄성시키는 것이라 할 수 있다. 이런 의미에서 방기창, 서경조, 송인서, 양전백이라는 꽃을 피우기 위해 오랜 세월을 울었던 네 분의 소쩍새에게 다시 한 번 갈채를 보낸다.

그럼 네 분의 교수님들을 통해 살아 있는 목소리로 우리에게 다가온 꽃은 어떤 향기를 발하고 있는가?

2. 되살아난 이름의 모습은?

(1) 방기창

방기창을 그린 첫 번째 그림은 천자문을 외우며 한자들 사이사이에 담겨 있는 삶의 법도와 예절을 배우던 애어른이다. 특이한 것은 일반 서당이 아니라, 과거에 급제하는 지름길로 알려진 일명 사설학원이 그의 무대였다는 것이다. 당시에도 사교육이 있었다니! 그가 자란 집안의 경제적인 배경과 더불어 교육열을 엿보게 해준다.

한학에 깊은 뿌리를 내리고 있던 그에게서 벼슬아치들의 부정부패와 외세에 맞서 칼을 들었던 동학혁명의 소리가 들리는 것은 왜일까? 백범 김구 선생은 천도교의 평등사상에 전율을 느껴 천도교 신자가 되고 황해도 지역 책임자인 접주(接主)까지 했다는데, 방기창은 무엇에 끌려 동학의 지도자가 되었을까? 사뭇 궁금한 부분이다. 교리와 현실 사이에서의 갈등은 그로 하여금 벽곡이라는 도법에 대한 갈망을 가지게 하였고 이것은 오병이어의 기적을 넘어 길이요, 진리요, 생명이신 예수를 만나게 하였다. 이것이 방기창을 비추는 세 번째 모습이다.

이후 조사로, 장로로, 목사로 걸은 길에 한학자로, 동학의 지도자로 익히고 경험했던 것들이 어떤 흔적을 남겼는지 학적인 호기심을 유발한다. 기독교인으로서 가르치는 자의 일을 하였다는 것 자체에 한학자의 잔영이 남아 있고, 독립협회와 〈공립신보〉와 관련이 있다는 사실에서 나라를 위해 싸우던 동학접주로서의 모습을 유추해 볼 수 있는 여지가 있다. 하지만 좀더 분명한 인과관계를 보여줄 수 있는 실마리가 필요하다.

방기창의 세 그림은 한 가지 연구과제를 남긴다. 첫 번째는 회심에 관한 것이다. 한학자에서 기독교로 개종한 예는 초기 로마가톨릭 신자들의 회심 이야기에서 쉽게 찾아 볼 수 있다. 그런데 개신교의 첫 장로교 목사인 방기창에게서도 '한학자에서 기독교인으로' 라는 도식이 적용된다. 초기 개신교 신자들 중에 한학자에서 개종한 사람들이 적지 않기에 이러한 자들의 망탈리테(mentalitè, 심성구조)에 대한 연구가 좀더 나왔으면 좋겠다.

방기창은 또한 동학의 지도자에서 개신교로 개종하였다. 동학과 기독교 사이에 접촉점들이 있다는 언급들이 있지만 '동학에서 기독교로'라는 회심의 도식을 좀더 촘촘하게 그릴 필요가 있다. 한학자에서 동학 지도자로, 다시금 기독교에 입문하여 교회 지도자가 된 방기창의 여정은 진리를 향한 갈망을 잘 표현해주는 아우구스티누스의 회심의 여정을 엿보게 해준다.

(2) 서경조

방기창만큼 한학에 조예가 깊지는 않았지만 그래도 '내향적인 학자풍'의 성향을 가진 서경조는 형 서상륜의 영향으로 기독교를 접하게 되었다. 그 후 선교사들의 동역자로서, 목사로서 맡겨진 사역을 잘 감당하였다. 무엇보다 그가 《조선왕조실록》이나 《승정원일기》 등을 통해 내려오는 기록 문화 전통을 살려 기록의 중요성을 일깨운 것은 한국 개신교의 역사를 기술하는 데 큰 도움을 주고 있다.

아쉬운 점이 있다면 "한국에 복음이 전파되어 많은 교회가 설립되고, 많은 동포들이 교회를 통하여 구원을 받게 된 것을 감사하자"며 서경조가 제청하여 제정된 감사주일이 선교사 위주의 추수감사주일로만 자리매김한 것이다.

오늘 서경조에게서 풍겨나는 가장 향기로운 것은 그의 아름다운 은퇴인 것 같다. 은퇴의 이유가 무엇이든 그가 물러난 무대 위에서 잡다한 목소리가 나오지 않고 후배들이 소신껏 목회할 수 있었다는 것은 곱씹고 싶은 대목이요, 오늘도 다시금 꽃피우고 싶은 모습이다. 연구과제로 남은 것은 그의 은퇴가 "자녀들이……독립운동에 개입하는 것을……후원하기 위한 조치"였을 것이라는 조심스러운 추정을 뒷받침할 수 있는 자료의 발굴이다. 이런 의미에서 1923년 8월 19일에 신의주 제1교회에서 700여 명의 청중 앞에서 한 강연이[2] 무엇이었는지 궁금하다.

(3) 송인서

영남교회사학회의 비교적 꼼꼼한 연구를 통해 보다 체계적인 모습으로 우리를 찾은 송인서, 그가 '호협방탕한 어린 시절'을 보내고 '불교와 도교에 심취'하다 기독교에 귀의한 과정은 아우구스티누와 비슷한 구도와 회심의 과정을 보여준다. 무엇보다 아름다운 향기를 발하는 송인서의 모습은 흉년을 당한 시기에 '빈한한 형제'에 대한 관심이다. 교회의 성장을 위해 재정 확보도 중요하고, 예배당 건축도 중요하지만 때를 분별하는 지혜가 있어야 함을 호소하며, '애통하는 자와 함께 애통하고 가난한 자를 잘 돌보아야 함'을 강조하는 그의 모습은 목회자에게서, 교회에게서 '바보천사'의 모습을 발견하기를 갈망하는 오늘의 시대에 은은한 여운을 남긴다.

(4) 양전백

방기창, 서경조, 송인서에 비해 많은 족적을 남긴 양전백, 그는

---

[2] "서경조 씨의 강연", 〈동아일보〉(1923.08.28), 4면 8단.

'참 하나님의 사람'으로서 교회 안과 밖에서 존경을 받은[3] 인물이다. 방기창과 마찬가지로 한학자에서 기독교인으로 개종한 그의 회심 이야기는 한학자에서 기독교인으로 개종하는 독특한 망탈리테적인 가통에 대한 연구를 다시금 요청한다. 한학자로서 후학양성에 종사했던 그는 개종 뒤에도 학교를 세워 건강한 기독교인의 양성에 마음을 쏟았으며, 고아원을 설립하는 등 "교회의 사회봉사에도 열정을 쏟아부었다."

105인 사건에 연루되었고, 3·1운동 33인 중의 한 사람으로 참가했으며, 1927년에 신간회 선천지부를 결성하는[4] 등 나라와 민족을 위한 지도자로서 자리매김을 한다. 그래서인지 그의 장례식은 5,000여 명의 조문객이 참석하는 등 많은 사람들의 관심을 모았다.[5] 그때뿐이겠는가? 교회 지도자로서 다방면에 관심을 가지고 실천한 그의 사역은 오늘의 교회가 행하고 있는 사역의 토대가 된다는 점에서 갈채를 보낸다.

3. 다시 부르고 싶은 그리고 불러야 하는 이름

이상에서 우리는 네 분의 학자를 통해 네 목사님의 삶의 발자취를 따라 갔다. 장로회신학대학교 제1회 졸업생이요, 한국 장로교 최초 목사로 불리는 이들이었지만, 정성한 교수의 말을 빌리면,

---

3) "33인 중의 1인 양전백 목사 장서(長逝)", 〈동아일보〉(1933.01.19), 석간 2면 7단: "인격자로 교회 안과 밧긔 존경을 바닷스며……."
4) "신간지회 발기", 〈중외일보〉(1927.05.16), 4면 8단.
5) "조객 오천여 명. 양목사 장례식", 〈동아일보〉(1933.01.23), 석간 2면 7단.

놀랍게도 이들에 대한 연구가 "제대로 진행되지 못하였으며", 심지어는 "전문연구가 전혀 없다." 그래서 임희국 교수님께서 마지막 단락에서 표현한 것처럼 "연필로 스케치하듯이 (이들의) 삶을 큰 윤곽으로만" 그릴 수밖에 없었다. 그런 의미에서 역사학자로서 큰 책임감을 느낀다. 동시에 사막에 길을 내기 위해 앞장서 발길을 내딛은 네 분의 교수님들과 총회역사위원회에 감사를 드린다.

이분들의 수고를 통하여 꽃으로 다가온 방기창, 서경조, 송인서, 양전백의 초상화를 이젠 좀더 세밀하게 그리는 작품이 나와야 한다. 다시금 움을 트기 시작한 꽃을 시들게 하지 않기 위해 "부르다가 내가 죽을 이름"으로 생각하며 혼신의 힘을 기울여 연구하는 작품들이 나와야 한다.

우리는 지금 과거의 이름을 부르는 것이 아무 쓸데없는 시간 낭비요, 경제 낭비라고 생각하는 시대에 살고 있지 않다. 사극이 흥행하는 이 시대는 과거에 대한 관심이 예전보다 더 많이 일고 있다. 바로 정체성에 대한 혼란 때문이다. '자아를 잃어버린 현대인'은 자신을 찾기 위해, 혼돈 속에 있는 나라는 나라의 정체성을 찾기 위해 지나간 이름들을 설움에 겹도록 부르고 있다.

오늘 우리가 방기창, 서경조, 송인서, 양전백의 이름을 부른 것도 무언가 빗나가고 있다고 여기는 한국교회의 정체성을 회복하고 건강한 교회성장을 지향하고자 하는 바람 때문인 것 같다. 교회 지도자, 좀더 좁혀 목회자의 바람직한 지도력이 무엇인지 묻고 바른 방향 정위를 하고자 하는 갈망이 있기 때문인 것 같다. 따라서 우리는 이름을 불러 꽃이 되게 하는 역사 작업에 큰 관심을 모아야 한다. 향기를 잃어가는 오늘의 교회에 교회 밖의 사람들까지도 취하게 만드는 꽃향기를 내기 위해 활자 속에 남아 있는 소중한 이름들을 불러 꽃이 되게 해야 한다.

한 가지 문제점은 지나간 이름들을 객관성 있게 부르기 위해서는 자료에 대한 학문적인 비판이 있어야 한다는 것이다. 기록된 것에 대한 자료 비평 없이 인용하며 소개하는 것은 모래 위에 집을 짓는 것과 같은 결과를 낳을 수도 있기 때문이다. 물론 존재하는 자료도 손가락으로 셀 수 있을 정도인데, 자료 비평을 통해 걸러낸다면 부를 수 있는 이름이 얼마나 되냐는 질문을 제기할 수도 있다. 그럼에도 우리의 역사 이야기가 드라마 사극처럼 흐르지 않기 위해서는 자료에 대한 냉정하고도 혹독한 검증이 있어야 한다. 사건 현장에 있는 모든 것이 사건 해결을 위한 자료가 되는 것은 아니기 때문이다.

자료에 대한 학문적인 검증 못지않게 자료의 확장이 요청된다. 선교사들의 일기나 편지, 또는 선교보고 등은 이제 연구 자료로 자주 사용하고 있다. 그럼에도 더 끈기 있는 자료 찾기와 찾은 자료에 대한 촘촘한 읽기를 통해 여백으로 남은 한국교회 초기 신자들과 교회의 삶을 좀더 구체적으로 그려내야 한다. 여기에 일본 자료와 중국 자료가 더 수집되고 연구되어야 한다.

오늘 우리가 들은 네 사람의 이름 중에는 총독부가 특별히 귀를 기울인 이름도 있고, 중국에서도 무언가 흔적을 남겼을 이름도 있다. 따라서 일본과 중국으로의 역사 여행을 마다하지 않아야 한다. 아무것도 건지지 못하고 돌아올 때도 있을 것이다. 그러나 도서관 한구석에 먼지 묻은 채 우리의 손길을 기다리는 이름이 있기에 자료를 찾아 떠나는 외로운 여행은 계속되어야 한다.

　방기창, 서경조, 송인서, 양전백, 그들의 이름은 오늘 우리에게 다가와 꽃이 되었다. 우리의 후대에게도 이들이 꽃이 되게 하기 위해 이들의 이름을 부르는 일은 계속되어야 한다. 오늘 네 분이 쌓으신 기초 위에 돌담을 차곡차곡 쌓아 이들의 이름을 더 아름답게 꽃피워야 한다. 이러한 역사적인 과제를 호소하며 다시금 수고하신 네 분께 감사의 박수를 보낸다.

장로교 최초 목사 7인 리더십
차종순 교수(호남신대)

6. 이기풍 목사의 목회 리더십

이기풍 목사의 목회관

한국교회사에서 이기풍 목사(1865-1942)라고 한다면 전설적인 이야기로 지나치게 회화(戱化)되었다는 생각이 든다. 그것은 그분의 자녀, 특히 딸, 이사례 권사가 일본에서 아버지의 삶에 대한 글을 신문사에 일본어로 발표한 이래로 구술에 근거한 서술형 이야기로 나열되어 왔기 때문이다.

이러한 이유로 인하여 이기풍 목사 자신이 목회에 임하면서 진지하게 고민하고 아파하였던 목회와 삶의 모습을 전달하지 못했다는 아쉬움이 남아 있다. 심지어 이기풍 목사의 마지막을 놓고 순교 논쟁을 일으키기까지 하는 사람들이 있을 정도이다.

이기풍 목사의 삶에 관한 이야기는 본 발표자가 어느 정도 정리하였다. 다시 말하여 출생일, 제주도 도착일, 그리고 목회자로서의 삶 등에 관한 대다수의 줄거리는 마련된 상태이다. 물론 이 부분에서도 사실에 근접한 구체적인 연대기적 행보는 아직까지 정확히 밝혀지지 않은 상태에 있다.

이번 연구를 통하여 이기풍 목사의 선교사로서의 삶, 목회자로서의 삶을 조명하기 시작한다고 말할 수 있다. 그리하여 그분에 대한 마땅한 경의를 표하고, 이번 글을 토대로 하여 지금부터는 이기풍 목사의 목회활동과 삶을 몇 가지로 정리하려고 한다.

1. 진취성, 개방성, 도전성

조선예수교장로회 제1회 노회에서 목사 임직을 받은 7명 가운데에서 이기풍 목사가 제주도 선교사로 지원한 이유가 무엇일까? 7명의 임직자들의 사역을 보면 다음과 같다.

이름	생애	출생지	사역지/ 직분
서경조	1852 - 1938	평북 의주	장연, 옹진 / 전도목사
방기창	1851 - 1911	황해 신천	용강, 제재 / 전도목사
이기풍	1865 - 1942	평남 평양	제주 / 선교사
길선주	1869 - 1935	평남 안주	평양 장대현 / 담임목사
송인서	1867 - 1929	평남(?)	증산, 한천 / 전도목사
양전백	1869 - 1933	평북 선천	선천, 정주 / 전도목사
한석진	1868 - 1939	평북 의주	평양, 장천 / 전도목사

이들 7명의 목사들 가운데에서 이기풍 목사는 국내 제주도 선교사로 파송하기로 하였으며, 한석진 목사는 일본으로, 방기창 목사는 중국으로 파송받아 갔다. 그렇지만 이기풍 목사가 7명 가운데에서 제주도 선교사로 지원한 이유는 무엇일까?

이기풍 목사의 목회관의 첫출발은 그의 삶의 여정에서 볼 수 있듯이 집안의 무인 기질을 발휘하여 진취적이며 도전적이었다고 말할 수 있다. 다시 말하여 동기생 목회자들은 출신지역 혹은 연고가 있는 지역의 담임목사 혹은 전도목사로 파송받았는데 이기풍 목사는 출신 지역과는 전혀 다른 무연고 지역으로, 그것도 교회가 하나도 없는 황무지로 떠났다. 그것도 자신을 후원하는 단체나 연고가 전혀 없는 미국 남장로교회와 전라대리회 소속 교회들의 후원을 받으면서.

이러한 결단과 결행은 무엇을 말하는가? 그는 7명의 동기 목회자 가운데에서 사명에 대한 빚을 가장 크게 느끼고 있었다고 평가할 수 있다. 그는 쉽고 편한 길보다는 힘들고 어려운 길을 자원하는 희생자였다. 이 정신과 힘들고 어려운 길을 자원하는 마음은 그의 목회자의 삶에서 일생 동안 지속된다.

2. 낮아짐(버리고 떠남)

이기풍 목사를 위시하여 광주의 최흥종(1880-1966) 목사에 이르기까지의 공통된 특징은 나이가 더할수록 큰 교회보다는 작은 교회로 낮추어 갔다는 사실이다. 이들은 한결같이 큰 교회는 힘 있는 젊은 목회자에게 맡기고 나는 힘에 맞게 작은 교회로 가야 한다면서 지속적으로 옮겨다녔다.

다시 말하여 제주도 선교사 사역을 마치고 전라남도 광주 양림교회 담임목회자로 사역하다가(1916-1918), 병이 재발함으로 목회자 사역을 중단하고 광주 기독병원 전도목사로 잠시 사역하다가

(1919년 후반), 순천읍교회로 옮겼으며(1920-1924), 고흥읍교회로(1925-1927), 다시 제주도 성내교회로(1927-1931), 벌교읍교회로(1931-1937), 그리고 여천군 남면 우학리교회(1938-1942)로 옮겼다.

이러한 목회의 여정이 보여주는 것을 크게 세 가지로 들 수 있다. 첫째, 나이가 더할수록 평안하게 안정적으로 목회할 수 있는 자리에 안주하는 것이 아니라 항상 자신을 새롭게 가다듬기 위한 자기 훈련의 일환으로 자리를 옮긴 것이다. 둘째, 나이가 들면서 육체적으로 쇠약해지기 때문에 큰 교회는 젊은 목회자에게 맡기고 자신은 작은 규모의 교회로 옮긴 것이다. 셋째, 새로운 세대의 젊은 층이 주류를 이룬 교회에서는 과거에 배운 신학과 신앙이 어울리지 않는다는 판단에서 젊은 층에게 교회를 자발적으로 이양하려는 마음이었다.

이렇게 항상 낮은 교회로 옮김으로써 나타나는 현상은 자녀들의 정신적 고통이었다. 다시 말하여 한 학교에서 졸업하지 못하고 옮겨다님으로 동창생이 없고(조상학 목사의 아들 조보라 장로의 체험), 고향이 없고, 선생이 없고, 마음 둘 곳이 없었다. 그리하여 이기풍 목사의 아내와 자녀들의 삶은 무척이나 고달프고 힘들었으며 아들 가운데에는 정신 이상을 보인 사람도 있을 정도였다.

3. 올곧음[直]

이기풍 목사의 목회는 우리가 아는 대로 법통이라고는 말할 수 없고, 항상 진리에 바르게 서려는 마음, 하나님께 충실하려는 마음이었다. 이것을 올곧을 직(直)이라고 말할 수 있을 것이다.

이기풍 목사의 올곧음은 가족력에 이미 있었으며(할아버지의 홍경래의 난 가담), 그가 이러한 기질을 그대로 물려받았다고 말할 수 있다. 그리하여 그는 마포삼열 선교사에게 돌을 던질 수 있었다고 말할 수 있다. 이러한 그의 올곧음은 제주도 선교사를 자원하는 태도에서 알 수 있으며, 제주도민들의 반대에도 불구하고 끝까지 버티어 내는 인내력에서도 나타났다고 할 수 있다.

이기풍 목사는 이 올곧음의 정신을 한국의 전통적인 충(忠)과 연결했다라고 볼 수 있다. 개종 이전에는 조선이라는 국가에 대한 충(忠)의 정신과 민족주의적인 입장에 서서 마포삼열에게 돌을 던졌으나, 개종 이후에는 충(忠)의 대상이 하나님으로 바뀌었다. 그리하여 그는 하나님께 대한 충성의 표현으로서 하나님 한 분 이외의 다른 신을 섬길 수 없었으며, 이 정신에서 선교사로서 제주도의 초기 박해를 이겨낼 수 있었다.

그는 이러한 충(忠)의 정신에서 목회지를 낮추어 갈 수 있었으며, 신사참배를 이겨낼 수 있었을 것이다. 물론 이기풍 목사가 1938년 4월 순천노회의 신사참배 결정에서부터 반대한 것은 아니었다. 그는 이 시기에 노회에 참석하여 그대로 지켜보았으나, 시간이 지나면서 자신의 묵인(默認)에 대한 반성으로 가득하였을 것이다. 그리하여 1938년부터 줄기차게 신사참배를 반대하는 태도를 취하였으며, 1940년 11월 15일 제2차 예비검속으로부터 거의 시체가 되다시피 하여 병보석으로 풀려나고 2개월쯤 지난 1942년 6월 20일에 사망하기까지 올곧게 신사참배를 거부하고 하나님께 대한 충(忠)을 강조하였던 것이다.

그리하여 이기풍 목사는 십계명 제1계명을 지킨 사람이었으며,

하나님과 세상 가운데에서 하나님께 대한 올곧은 충성을 끝까지 유지하였던 사람이었다고 말할 수 있다.

4. 연민의 정

이기풍 목사는 평안도 출신으로서 자신의 삶의 절반을 전라도에서 보냈으며, 그의 자녀들도 전라도 사람이 되었다. 이기풍 목사는 가끔씩 출신 지역에서 청빙이 없었던 것은 아니지만, 끝까지 거절하였고 전라도에서 목회에 전념하였다.

그 이유는 무엇일까? 당시 전라도의 선교는 서북지방에 비하면 너무나도 미약한 상태에 있었다. 1908년 당시 각 선교회별로 교세를 분석하면 다음 표와 같다.

	북장로교	북감리교	남장로교	남감리교	캐나다 장로교	호주 장로교
입교인	15,153	3,885	1,961	1,985	814	227
연중세례인	3,421	3,000	970	712	184	
유아세례	1,009	553	178	141	101	62
학습인	16,721	19,570	2,098	3,025	803	253
초신자	23,113	16,158	5,208	2,213	253	
등록교인	54,987	36,613	9,267	5,010	3,810	792

이상의 도표에 의하면 미국 남북 장로교회의 숫자가 전체 숫자의 58%에 달하며, 북장로교의 교세는 남장로교에 비하여 5.9배에 달하는 급속한 성장을 보였다. 그리하여 미국 남장로교회 선교구역에 있는 교회들은 미미한 상태를 겨우 유지하는 정도였다. 특히 교회가 운영하는 학교와 지도자 양성 부분이 너무나도 미약하였다.

그리하여 남북 장로교 선교회는 각각 본국의 선교본부 앞으로 선교사 인원 보충과 재정 지원을 요청하였다. 이 시기에 나타난 또 다른 현상 가운데 하나는 기존의 교회가 비좁게 됨으로써 교회를 증축, 신축하는 일이었다. 그리고 또 다른 현상은 선교사 인력만으로는 증가하는 교회와 교인들을 감당할 수 없으므로 한국인 지도자를 양성하는 문제였다. 이 시기의 교세를 분석하면 다음과 같다.

	교회	교인	치료환자수	학생수	재정총액
북장로교회	1,415	54,987	41,767	7,579	$40,088
남장로교회	140	8,410	12,234	381	$2,088

이러한 현격한 차이로 인하여 이기풍 목사는 북장로교 선교구역인 서북지방 혹은 서울의 여러 목회지로 이전하지 못하고 전라도에서 목회자로서의 삶을 마감하였던 것이다. 그렇지만 이기풍 목사의 이러한 헌신적인 목회활동은 시간이 지나면서 보상을 받기 시작하였으며, 오늘날에는 전라도가 전국에서 가장 높은 개신교 기독교인률을 보이고 있다.

5. 봉사적 교계사역

이기풍 목사는 목사로 재직하는 기간에 여러 기관에서 5차례에 걸쳐서 책임자 역할을 하였다. 1916년 전라노회 부노회장, 1920년 조선예수교장로회총회 부총회장, 1921년 조선예수교장로회 총회장, 1930년 11월 제주노회 초대 노회장, 1933년 6월 순천노회장에 피선되었다. 이상의 5차례에 걸친 노회장과 총회장 등의 직함을 지녔지만, 이러한 이력은 거의 타천에 의한 것이었으며 교계의 원로 목사로서 당연히 맡아야 할 봉사직이었다.

제주노회장을 맡은 것은 제주도 교회와 목회자들이 전남노회에 출석하는 데 소요되는 여행의 어려움과 경비 등을 감안하여 제주도민들에 대한 연민의 정에서 비롯된 것이었지 노회를 새롭게 분립시켜 노회장을 맡으려는 정치적인 의도는 전혀 없었다. 이러한 의미에서 이기풍 목사는 교계의 정치적인 인물이라기보다는 교회의 행정을 위하여 자신의 노력을 아끼지 않았던 봉사적 교계 지도자였다고 말할 수 있다.

생각해 보면 건전한 의미의 교계 정치는 필요한 것이지만, 이기풍 목사의 행적은 자리와 사적인 이익을 챙기기 위한 교계 정치도 없지 않다고 판단되는 요즘의 상황과는 너무나도 거리가 있었다. 물론 당시에는 목회자가 부족하였기 때문에 교계 책임을 서로 맡지 않으려는 분위기 때문이었을지라도, 그렇기 때문에 이기풍 목사의 교계 책임 수임은 더욱더 봉사적이었다고 말할 수 있다.

6. 글을 마치면서

이기풍 목사는 전라도에서 뿌리를 내린 타지방 신앙인으로서 전라도 신앙의 형성에 크게 영향을 끼쳤던 목회자 가운데 첫 번째 인물이다. 물론 이기풍 목사보다 앞서 장로 두 사람이 전라도 신앙 형성에 크게 영향을 끼쳤다. 김윤수 장로(1860-1919)는 목포와 광주에서, 김영진 장로(1865-1950)는 목포-제주도-순천에서 크게 영향을 끼쳤던 인물이다.

이기풍 목사의 제주도 선교사 사역으로 인하여 평안도 출신의 많은 협력자들이 제주도에 함께 동거하기 시작하면서 이들도 또한 전라도 사람이 되기 시작하였다. 그 가운데에서 강병담 목사, 이선광 전도사가 대표적인 인물이다. 이렇게 볼 때 이기풍 목사는 지역적인 감정이나 차별 없이 한국 전역을 품고 이끌어 갔던 대표적인 목회자 가운데 한 사람이라고 말할 수 있다.

이제는 이기풍 목사에 대한 각종 자료들을 재정비하고 그에 대한 신학적 조명이 필요한 단계에 이르렀다. 다시 말하면 그의 제주도 선교활동이 오늘날 제주도 교회 성장에 어떠한 영향을 주었는지, 그의 낮아지는 목회활동, 그의 신사참배 반대 행동 등이 더욱더 높이 평가되어야 할 부분이라고 보는 것이다. 참고로 이기풍 목사의 연대기를 정리해 본다.

- 1868년 11월 21일 평양 순영리에서 출생하다.
- 1891년 평양부 영문의 아전 혹은 포졸로 취직(결혼하였을 가능성)하다.
- 1894년 마포삼열 목사에게 돌을 던져 턱을 깨뜨리다(5월).
- 1895년 청일전쟁 때 원산으로 피신하였다가 스왈른 선교사를 통하여 예수를 알다(9월).
- 1896년 스왈른 선교사에게 세례를 받고, 원산, 함흥 등지에서 권서인과 조사 일을 하다.
- 1899년 평양으로 철수하여 황해도, 충청도 지역 조사를 맡다.
- 1901년 평양 장대현교회에서 장로로 임직하다.
- 1902년 평양장로회신학교에 입학하다. 큰아들을 낳았으나 아내가 죽다.

- 1903년 선교사들의 주선으로 윤함애 씨와 결혼하다.
- 1907년 평양장로회신학교를 졸업하고 조선예수교장로회 제1회 독노 회에서 목사임직을 받다.
- 1907년 9월 17일 제주선교사로 파견되다.
- 1908년 제주도를 향하여 출발하다(2월 중순경). 길상(吉祥 1丸: 깃쇼마루)호를 타고 2월 말경 산지포에 도착하다.
- 1908년 많은 어려움을 겪다가 김재원, 홍순홍, 김홍련 등을 만나 향교 골에서 기도회를 가지다. 6월, 남녀 소학교를 시작하다(조봉호 등 교사로 참여하다).
- 1909년 성내 일도리 중인문 안에 6칸 초가를 구입하여 예배당으로 사용하다.
- 1910년 박영효 대감의 지원으로 출신청을 구입하여 예배당 및 사택으로 사용하다.
- 1912년 교회당 6칸을 증축하다(12월).
- 1913년 건강 악화로 6개월 동안 휴식하다(평양 등지에서). 자녀가 3명이었다.
- 1915년 성음부족증으로 광주군 효천면 지한리(현 광주시 방림동)에서 휴양하다.
- 1916년 제주도 선교사직을 사임하고, 제6회 전라노회에서 광주 북문안교회 초대목사로 청빙을 허락받다(8월). 전라노회 부노회장에 피선되다.
- 1918년 건강이 악화되어 또다시 휴직하다.
- 1919년 건강이 회복되다(9월경). 광주 제중원 전도목사로 일하다.
- 1920년 순천읍교회로 부임하다(3월). 부총회장으로 피선되다(이후 순천중앙교회로 교회 명칭 변경하다).
- 1921년 총회장으로 피선되다(9월).
- 1923년 성역 25주년 기념예배를 드리다(4월 26일). 막내딸 이사례를

낳다.
- 1924년 고흥읍교회로 부임하다(1월).
- 1927년 제주 성내교회로 재부임하다(2월).
- 1928년 회갑 기념예배를 드리다(11월).
- 1930년 제주노회 초대 노회장에 피선되다(11월).
- 1931년 벌교읍교회로 부임하다(5월).
- 1933년 순천노회장에 피선되다(6월).
- 1938년 여천군 우학리교회로 부임하다(1월).
- 1940년 총회에서 최초의 원로목사로 추대되다(9월).
- 1940년 11. 15 신사참배 불응으로 순천노회 목사 17명과 함께 광주형무소에 수감되다.
- 1942년 4월 초 병보석으로 출감한 후 1942년 6월 20일 여천군 남면 우학리교회에서 사망하다.
- 양아들 박재수 장로(여수중앙교회)가 장례를 주관하다.

장로교 최초 목사 7인 리더십
김수진 목사(한국교회역사연구원장)

7. 길선주 목사의 목회 리더십

기도로 목회의 승부를 건 길선주 목사

1. 시작하는 말

우리는 지난 2007년 여름에 상암 축구경기장에서 한국교회 성령운동 100주년 행사를 하면서, 길선주 목사의 목회에서 새삼스럽게 그분의 영적인 힘이 얼마나 컸는가를 느꼈다. 나는 그 자리에 가지는 않았지만 그날 행사를 진행했던 인사들의 면면을 멀리서 지켜보았다. 나는 그들이 한국교회에 끼친 영향이 얼마나 컸는가에 대해 회의적이었으며, 다시 말하면 회개가 없었다는 말이 된다. 평양 대부흥운동의 주인공이었던 길선주(吉善宙, 1869-1935) 목사의 목회 리더십을 조명하면서 평양에서 일어났던 대부흥운동이 새롭게 조명되면서 한국교회의 목회자들과 한국교회의 교인들에게 변화가 있었으면 하는 바람이다.

나는 길선주 목사의 목회 리더십을 정리하기 위해서 많은 자료를 찾아 보았는데 그분에 대한 연구가 매우 부족하다는 것을 알았다. 가령 주기철 목사나 손양원 목사에 대한 전기나 연구 논문은 많이 있었지만 길선주 목사에 대한 연구는 매우 빈약했다. 20년 전 목회현장에 있을 때 〈월간목회〉사의 요청으로 길선주, 이기풍, 주기철, 손양원 목회론에 대하여 글을 쓴 일이 있었는데, 이번에 연구자료를 접하면서 길선주 목사에 대한 연구가 여전히 빈약하다는 것을 깨달았다.

길선주 목사는 평양 장대현교회 장로 겸 조사로 시무하면서 한국교회 대부흥운동을 일으킨 장본인이고, 평양장로회신학교 제1회 졸업생이며, 아울러 최초의 목사 7인 로 널리 알려진 분이다. 그는 3·1운동 민족대표 33인 중의 한 사람이며, 이 일로 인하여 2년간 옥살이를 하였지만 무죄 판결을 받고 늦게 석방되었다. 길선주 목사는 감옥에 있으면서 요한계시록을 만독(萬讀)이나 했다고 한다. 1952년 김인서가 쓴 《신앙생활》(信仰生活)에서 발표한 대로 그의 40년간의 교역 생활 중에 한국교회에 미친 영향이 대단하다고 말하고 있다. "선생의 전도를 통하여 목사, 장로, 교사 800명이 배출되었고, 설교 2만 번 이상, 청강자 5백만 명 이상, 선생의 손에 세례받은 자 3천 명 이상, 연보시킨 전액이 30만 원 이상, 설립한 교회 60여 곳, 구도자 7만 명이라"고 기록해 놓고 있다.

1910년 9월 길선주는 제4회 독노회 부회장으로 선임되었으며, 1912년 조선예수교장로회 창립총회 시 부총회장으로 선임되면서 행정적으로 잊을 수 없는 봉사를 하였다. 그는 부총회장을 지냈지만 그 다음 총회 시 총회장은 왕길지 선교사, 제3회 총회 시는 배

유지 선교사, 제4회 총회 시는 1년 후배인 김필수 목사가 선임되었다. 그는 끝내 총회 시 총회장을 한 번도 역임하지 않았다. 그러나 그는 장로회 총회뿐만 아니라 한국교회에 크게 기여를 하였다. 그는 시인(한시)으로서 많은 시를 발표하였으며, 대전도자, 성경학자, 교수, 대중 부흥운동가로 높이 평가되는 인물이었다.

2. 길선주와 기독교의 만남

길선주는 토마스 선교사가 대동강에서 순교한 지 3년이 지난 1869년 평안도 안주에서 출생하였다. 그의 부모가 그를 노후에 낳았기 때문에 부모의 사랑을 더 많이 받았다고 생각된다. 그는 비록 가난한 가정에서 출생하였지만 매우 영특하여 네 살 되던 때부터 어머께 한문을 배우기 시작하였다. 가난했던 그는 가난을 극복하기 위해서 한학과 도교(道敎)에 관심을 갖고 성장하였으며, 이 일로 자연히 어머니의 사랑을 많이 받고 자랐다.

그렇게 어머니의 사랑을 받으며 자랐던 길선주가 어느덧 여덟 살이 되던 해였다. 예전에 살던 집을 우연히 지나가다가 잠시 발길을 멈추고 정원을 바라보던 길선주는 갑자기 눈물을 흘리면서 어린 시절에 함께 놀던 친구들을 생각하기도 하였다.[1] 그런데 그는 갑자기 인간이 어디서 와서 어디로 가는 것인가를 생각하였으며, 이러한 사실을 어머니께 알렸다. 어머니는 아들의 장래를 위해서 평안남도에 있는 유명한 사찰인 용타사(龍陀寺)에 입사하여 명

---

1) 길진경, 《영계 길선주》, 종로서적, 1980. p.19.

상과 기도로 수도생활 할 것을 권유하기에 이르렀다.

그런데 어느 날 뜻하지 않게 시력이 약해진 것을 안 길선주는 기도가 부족해서 그러한 일이 생긴 줄로 알고 동굴과 광야에서 진리를 터득하기 위해서 40주야(晝夜)를 명상과 기도에 매진했으나 그가 얻은 것은 더욱 눈이 침침해지는 것뿐이었다. 그의 동료들이 "찬물과 얼음으로 눈에 붓고 마사지를 하면 눈이 밝아진다"는 말에 끝없이 행하였지만 그 결과 더욱 시력이 약해졌다.

그는 마지막 결론을 내리기를 집에서 어머니의 간호를 받으면 나을 수 있다는 확신을 갖고 고향 안주를 찾아 나섰다. 이때 그의 어머니는 멀리서 자신의 아들이 지팡이를 짚고 오는 모습을 보고 깜짝 놀라고 말았다. 이때 어머니는 아들을 붙잡고 "이 못난 놈, 아이고! 내가 잘못했다. 내가 너를 도교(道敎)에 보낸 것이 잘못이었다. 엄마를 용서해라" 하고 어머니는 울면서 아들에게 용서를 빌었다.

길선주는 어머니가 우는 모습에 더욱 충격이 컸다. 그러던 중 친구 김종섭이 자신의 절친한 친구가 앞을 보지 못한다는 소식을 듣고 집에 찾아왔다. 김종섭은 이때에 좋은 기회로 여기고 곧 자신이 읽고 큰 은혜를 받았던 존 번연의 《천로역정》과 하나님의 말씀인 성경을 전해 주었다.

이때 김종섭은 책을 전하면서 "나도 자네처럼 진리를 찾기 위해 도교를 찾았지만 모두 허사였는데 하나님을 믿고 새사람이 되었네. 하나님의 사랑과 예수의 희생정신, 봉사의 삶이 내 마음속에 가득 채워져 버렸어"라고 말했다. 이 말을 들은 길선주는 친구의 권유가 얼마나 감사한지 몇 번이고 눈시울을 적셨고, 그 마음으로 성경과 《천로역정》을 받아 집으로 돌아왔다.

다행히 길선주는 희미하게 성경을 볼 수 있었으며, 바로 그때 길선주는 친구의 고마움을 깊이 깨닫고 성경 한 절, 두 절을 읽으면서 자신도 모르게 기쁨이 샘물처럼 솟아오르는 듯한 느낌을 받게 되었다. 바로 그 때 어둠은 물러가고 하나님을 보게 되었으며, 옆에서 지켜보고 있던 그의 어머니는 그렇게 기쁠 수가 없었다. 또한 길선주의 부인도 걱정 근심을 하면서 하루에도 몇 번씩이나 한숨을 쉬고 있었지만 남편의 얼굴이 그렇게 평안할 수 없음을 발견하게 되었다. 그래서 밤만 되면 어두운 초롱불 밑에서 책을 읽어 주는 부인의 얼굴이 서서히 환해졌고 길선주는 몇 번이고 읽어 달라고 해서 어느덧 《천로역정》을 다 읽게 되었으며, 어떤 경우는 한 번 더 읽어 달라 해서 읽기도 하였다.

가끔 방문했던 그의 절친한 친구 김종섭은 길선주가 변화하는 모습을 신앙의 은사인 이길함(G. Lee) 선교사에게 보고하였다. 당시 이길함 선교사는 평양 최초의 교회인 평양 널다리교회를 개척하고 그 교회에서 시무하고 있었다. 이길함 선교사는 길선주에게 신앙을 훈련시켰고 길선주는 드디어 1897년 8월에 세례를 받게 되었다. 이길함 선교사는 길선주의 머리 위에 손을 얹고 "내가 성부와 성자와 성령의 이름으로 세례를 주노라. 아멘" 하자 길선주는 가슴에 뜨거움을 느끼면서 "아멘, 주 예수여 나를 용서하여 주소서, 제 헌신을 받아 주소서, 당신의 도구로 사용하여 주시옵소서. 오 주님, 하나님을 만난 길은 고향을 향해 가는 것만 같습니다"라고 고백했다.[2]

길선주의 행동에 대해서 많은 사람들은 수군거리기 시작하였다. 그의 육신의 시력은 점점 쇠약해져 갔지만 영적인 시력은 더욱 밝아져만 갔다. 길선주는 이제 혼자가 아니라 그리스도와 함께 고향을 향해 가는 듯하여 집에 들어서자마자 부모님을 붙잡고 "아버님, 저는 앞을 보지 못했지만, 몸도 가누지 못하였지만, 하나님의 은혜로 이렇게 다시 살 수 있게 되었습니다" 하고 말했다.

사실 길선주가 앞을 잘 보지 못하여 지팡이를 짚고 다닐 때 길을 가던 사람들이 그에게 재수가 없다면서 침을 뱉고 간 일이 한두 번이 아니었다. 그럴 때마다, "예수를 믿으십시오, 예수간 믿으면 저처럼 영의 눈을 뜰 수가 있습니다"라고 했고, 이 말에 많은 사람들이 감동을 받았다고 한다. "여러분, 나는 하나님을 믿고 새로운 삶을 살아가는 인생이 되었습니다. 누구든지 주님 앞에 나아오기만 하면 삶이 변하고 축복을 받을 수 있습니다."[3]

길선주는 자신의 상점에서 일한 적이 있던 이정식에게 전도를 하였다. 그는 길선주의 간증에 놀라며 예수를 믿기로 작정하였다. 길선주는 전도를 할 때 그냥 말로만 하지 않고 불붙는 듯한 열정으로 사람을 만났으며, 만나는 대로 울면서 전도를 하였다. 당시에 개인 전도한다는 것은 어려운 일이었지만 그의 눈물에 놀라며 기독교로 개종한 사람들이 많았다. 길선주의 부모는 기독교를 탄압했던 사람들이었지만, 그의 눈물에 감동받아 기독교로 개종하였다고 한다.

---

2) 길진경, 《영계 길선주》, 종로서적, 1980. p. 87.
3) 길진경, 앞의 책, p. 88.

3. 길선주의 애국운동

(1) 독립협회

길선주는 1898년 마펫(S. A. Moffett, 마포삼열) 선교사에 의해 영수(領袖)가 되었다. 그는 널다리에 사숙(私塾)을 설립하여 신교육을 시켰으며, 그 학교는 후에 숭덕학교가 되었다. 또 널다리교회 내에 야학을 설치하고 남녀를 모아 놓고 교육을 시켰다. 한글과 신지식을 보급해야 한다면서 야간 성경학교를 개설 운영하였다.

과거의 구태의연한 생각을 버리고 기독교적인 정신으로 국가관을 확립하자는 뜻을 갖고 개화운동에 참여하기도 하였다. 이미 박영효가 부르짖는 개화운동에 뜻을 갖고 평양에서 그 운동을 전개하였으며, 직접 만난 적은 없었지만 평양에서 안창호를 비롯한 17인으로 구성된 동지들과 독립협회 운동에 참여하였고, 서울에서 주동적으로 활동하던 서재필의 사상을 이어받아 독립협회 운동을 전개하게 되었다.

그는 평양에서 안창호와 함께 이 운동을 대대적으로 전개하면서 평양에 모인 독립협회 회원 4,000-5,000명 앞에서 안창호와 함께 연설을 하여 대단히 좋은 호응을 얻었다고 한다. 그러나 길선주는 전도의 길을 택하느냐, 정치운동을 택하느냐 하는 고민 속에서 당시 좁은 길인 전도자의 길을 가기로 하고 하나님과 약속을 하였기에 그 길로 한국에 위대한 업적을 남겼다.

(2) 회개운동

길선주는 1905년 9월 공의회에서 회개운동을 전개하였다. 그는 1895년에 청일전쟁을 직접 눈으로 보면서 일제의 횡포가 얼마나 무서운가를 알았다. 1905년에 일어났던 러일전쟁을 통해서 일제의 포악성을 재확인하게 되었다. 이때 일본은 비로소 을사조약이라는 미명하에 한국을 점령할 계획으로 일본군 제5사단을 인천에 상륙시키고 강압적으로 조약을 체결하였다.

이러한 광경을 직접 눈으로 확인했던 길선주는 그해 각 지역에서 일어나고 있는 일본인의 횡포를 그대로 전하면서 회거운동을 전개하였다. 민족의 연약함을 알았던 그는 위정자들이 회개해야 한다고 주장하며, 이 회개운동을 교회에서 전개했다. 이미 길선주는 나라에 비극이 올 것을 예견하고 외치기 시작하였던 것이다.

(3) 백만 명 구령운동 제창자

결국 1905년 11월 을사조약이 체결되면서 국군 통수권과 외교권을 일본에 넘겨주어야 하는 슬픈 역사를 만나게 되었다. 이러한 소식을 접했던 대한제국 군대는 해산할 수 없다고 버티면서 의병운동을 전개하였으며, 일본 군인들은 의병운동을 일으키는 지역의 수많은 의병과 지역주민까지 학살했다.

1910년 8월 22일은 국치일로서 나라를 송두리째 일본에 팔아넘기는 비극의 날이었다. 9월 18일 제4회 독노회가 개회되었지만 모든 회원들의 마음은 어둡기만 하였다. 길선주 목사는 독노회에서 부회장으로 선임되었으며, 이때 전도국장도 겸임하였다. 임원 선거가 끝나자 일반 회중에 "100만 명 구령운동을 토의하던 중 가결이 되었다. 이 일로 위원이 선정되면서 백만 명 위원회로 발족하게 된 것이다"라고 발표했다.

이처럼 그는 애국운동이 100만 명 구령운동으로 확산되어 가면 그때 조선에 독립이 온다는 확신을 갖고 이 일을 추진해 갔다. 오직 조선의 독립은 백만 명 구령운동만이 쟁취할 수 있다는 확신을 갖고 이 운동을 주장했던 것이다. 그는 100만 명 구국운동을 전개하면서 애국운동과 항일운동 등 다양한 방법으로 의식화를 하였다. 그러나 을사늑약으로 인하여 1907년에는 언론 출판이 탄압당하였으며, 1907년 7월 말에 구한말 국군이 해산되는 등 국가의 힘을 완전히 잃는 지경에 놓이고 말았다.

(4) 105인 사건

1910년 일제의 국권침탈로 백성들의 걱정은 보통이 아니었다. 얼마 있지 않아 일본 육군성 장관인 육군대장 데라우치 마사타케(寺內正毅)가 조선 총독부 총독으로 부임하였으며, 그는 조선의 건달 3,000명을 일본군 헌병보조원으로 채용하고 일제에 저항하는 사람들을 닥치는 대로 구속하였다. 특별히 서북지역의 기독교 지도자들이 강하게 저항한다는 정보를 입수하고 기독교 지도자를 탄압하는 일에 관심을 쏟고 있었다.

일제가 기독교 지도자들을 구속하고자 음모를 꾸몄던 일이 바로 105인 사건이며, 이 사건은 한꺼번에 국내 인사들을 제거할 목적으로 조작되었다. 특별히 서북지방은 일찍이 기독교를 접했으며, 선교사들의 활동으로 많은 교회가 세워졌고 인재들도 나타나기 시작하였다. 이른바 서북지방에 있는 기독교 지도자들을 대거 제거하기 위해서 꾸민 것이 바로 105인 사건이었으며, 합방이 이루어지면서 조선 백성들을 네 부류로 분석하였다.

1. 무식하고 양순하여 관인(官人)을 범같이 두려워하는 자
2. 이완용, 송병준 등과 같이 드러내 놓고 일본의 충노(忠奴)를 하는 자
3. 주색잡기에 빠져 세상사를 잊고 있는 자
4. 수훈도 많고 자기 지방에서 다소 명망이 있는 자

105인 사건은 이른바 '데라우치 총독 살해 미수사건'을 조작해서 기독교 지도자를 제거할 목적이었다. 이 무렵 조선의 선각자들 800여 명을 구속하였지만 마지막 기소했던 105명을 구속시킨 것을 두고 '105인 사건'이라고 말한다. 이 사건으로 길선주 목사는 자신의 장남 길진형을 먼저 보내야 하는 슬픔을 안고 살게 되었다.[4]

(5) 3 · 1운동과 길선주 목사

1919년 길선주 목사는 3 · 1운동에 민족대표 33인 중의 한 사람으로서 참여하였다. 당시 기독교 인구는 2%에도 미치지 못하였으

---

4) 길진경, 앞의 책, p. 241.

나 민족대표에는 16명으로 50%를 차지하였다. 길선주는 평양 대부흥운동을 주도하였고, 그가 가는 곳마다 놀라운 사건들이 일어나고 있었다.

이러한 그가 그 자리를 회피하지 않고 당당하게 서명을 하고 민족구원을 외치면서 부흥운동을 전개하였다. 이러한 관계로 계속 부흥회를 인도하였던 그는 서울에서 모이는 민족대표 33인의 자리에는 참석하지 못했다. 여기서 그의 신앙적인 면을 볼 수 있는데, 그는 부흥운동을 곧 민족의 독립으로 알았기에 그곳에 참여하지 못하였다. 그러나 그 후 자진해서 일경에 체포되어 2년간 옥고를 치르고 1920년 10월에 출옥한 일로 보아 그의 복음에 대한 열정은 그 누구도 따라갈 수 없을 정도로 대단했다고 볼 수 있다.

4. 목회자의 길

(1) 준비된 목회자

길선주는 1897년 기독교로 개종한 후 널다리교회에서 세례를 받았으며, 세례를 받고 나서는 매주일이면 널다리교회에 출석했다. 이는 서양의 기독교 문화를 접할 수 있는 좋은 기회가 되었다. 그의 부친이 세상을 떠나게 되자 친지들과 교인들까지 합세하여 권유하였지만 그는 상복(喪服)을 입지 않고 평복에 상표(喪表)만 달고 장례를 치렀다. 그 후 아버지의 기일이 돌아오자 제사를 드리지 않고 고인(故人)을 기리는 추모예배로 대체하였다.[5]

길선주 영수는 1901년에 문을 연 장로회신학교에 1902년에 입학하여 마펫과 이길함 선교사 등 여러 교수들의 강의를 들으면서 신학교 교육에 심취하였다. 길선주 조사가 하루 일과를 그냥 넘기지 않고 매일같이 드린 신앙의 일정표를 보면 다음과 같다.

월요일 : 오전 7:30, 식구를 위하여
화요일 : 친족(신자, 불신자)을 위하여
수요일 : 친구(신자, 불신자)를 위하여
목요일 : 나라와 민족을 위하여
금요일 : 교육기관 자선사업기관을 위하여
토요일 : 해외에 있는 동포와 혁명 유지들을 위하여
일요일 : 국내교회, 국외교회, 세계교회를 위하여[6]

(2) 조사로 활동

그는 1898년 늦은 봄에 장대현교회의 영수로 임명을 받았으며, 전도인으로 있을 때 뜻하지 않게 청일전쟁을 만나면서 나라 안팎은 대단히 혼란스러웠다. 이러한 혼란 속에서도 그는 기도하는 중에 나라를 지켜야 한다는 굳은 의지가 생겨나기 시작하였다. 그럴수록 그의 신앙은 애국심으로 전환되었으며, 그의 신앙을 옆에서 보고 있던 선교사들은 마펫이 설립하고 그가 세례를 받은 장대현교회의 조사로 사역을 하게 했다.

---

5) 길진경, 앞의 책, p. 89.
6) 길진경, 앞의 책, p. 90.

그런데 길선주가 조사가 되기 전에 단돈 5원으로 한약방을 열어 운영하였는데 매월 수입이 자그마치 80원이나 되었다. 4년간의 약방업을 정리하고 황해도와 평안도를 넘나들면서 조사 생활을 했는데 그때 그의 월급은 6원이었다. 그의 유명한 말이 있다. 그는 "약국 사업은 사람을 위한 일이요, 조사 시무는 하나님을 위한 일이니 조사 일을 안 볼 수 없다"고 하였다.

여기서 길선주 조사의 용단에 대해서 말하지 않을 수 없다. 요즘 한국교회 목사들은 다른 교회에서 급여를 많이 준다면 그쪽으로 가버리는 일들이 종종 있으며, 심지어 위임까지 받아 놓고도 그냥 떠나버리는 일이 비일비재한 사건을 놓고 우리가 어떻게 해야 좋겠는가 하는 생각이 든다. 그의 전도운동과 교육사업을 살펴보면 다음과 같다.

전도사업

1. 개인전도를 장려하고 신도 각자가 최소한 1명을 교회에 인도하는 신도 배가운동을 장려할 것
2. 구역을 분할-설정하고 심방대를 조직해서 가정방문을 장려할 것
3. 여자교회를 설립하고 가정 개방운동을 추진할 것
4. 여신도 전도대를 조직해서 각 가정 침투에 노력할 것
5. 전도대회를 연일 개최해서 신도들의 활기를 앙양하고 복음운동의 불을 일으킬 것

교육사업

1. 시대적 교육을 위해서 기독교 주간학교를 설립하여 지도자를 양성

할 것

2. 극빈 가정의 자녀를 위해서 야간학교를 설립할 것

문맹퇴치운동

1. 남녀 및 성인 야간학교를 설립해서 한글 교육을 적극 추진할 것
2. 교인의 성경지식을 함양하기 위하여 기간 성경 야학과 계절 사경회를 개최할 것[7]

기타. 그밖의 교육사업과 문맹퇴치사업을 위해서 당분간 교회당을 개방할 것

5. 길선주 목사와 부흥운동

(1) 길선주 목사

길선주 조사는 그 어려운 교역을 담당하면서 자신을 하나님의 자녀 삼아 주신 일과 함께 하나님의 말씀을 전할 수 있는 조사의 직분을 주신 일에 대해서 감사한 마음을 갖고 열심히 일을 하였다. 그가 조사의 사역을 맡아 하던 중 마펫 선교사의 권유로 장로회 신학교에 입학을 하였다. 이때 함께 신학을 공부한 친구들은 공동체 의식을 갖고 신학을 열심히 공부하였다. 이미 그는 장대현교회에서 장로로 시무하였으며, 이러한 관계로 장로의 신분으로 목회

---

7) 길진경, 앞의 책, p. 101.

사역을 맡아 활동하였다.

  신학교에 재학 중이던 1903년 때마침 원산에서 일어났던 대부흥운동의 주역자인 하디(R. A. Hardie) 선교사의 영향을 많이 받았다. 하디는 강원 철원 지방에 있는 지경터교회에서 목회를 하고 있었다. 그가 담당했던 교회의 교인은 15명에 지나지 않았다. 이 무렵 원산에서 선교사들이 중국에 있는 화이트(M. C. White) 여자 선교사를 초빙하여 성경공부를 하던 중 뜻하지 않게 하디는 자신의 무기력함을 회개하면서 울부짖기 시작하였다.

  이때 그 자리에 모였던 모든 선교사들이 회개를 하자 그 운동이 평양에 있는 선교사들에게 알려지기 시작하였으며, 이러한 회개의 운동이 곧 평양에 상륙하였다. 평양 주재 선교사들은 하디 선교사를 초청하여 사경회를 개최하였다. 이길함 선교사는 하디 선교사의 놀라운 간증을 듣고 조선인들에게도 이 운동을 전개하면 큰 효과가 올 것을 믿고 자신의 조사인 길선주 장로와 의논을 하였다.

(2) 장대현교회의 회개운동

  길선주 조사는 황해도 평안도 지역에서 매년 연말이 다가오면 평양에서 개최하는 달[月]성경학교, 도사경회(都査經會)를 개최하였다. 이러한 관계로 길선주 조사는 자신이 영수로 재직하였으며, 조사로 전임을 맡고 있는 장대현교회의 사경회를 준비하고 있었다. 길선주 조사는 1905년 11월 17일 한일신협약이 체결되자 이것은 일진회 회원들의 경거망동한 행동으로 이뤄진 일이기 때문에 우리 교회가 회개해야 한다면서 회개운동을 전개하기도 하였다.

1906년 8월 추석 명절을 기해서 황해도 재령에서 실시하였던 사경회를 개최하면서 놀라운 사건이 발생하였다. 직접 사경회를 인도했던 길선주 조사는 회중들의 회개하는 모습에 놀라고 말았다. 같이 통성으로 기도한 회중들 사이에 걷잡을 수 없을 정도로 회개의 불길이 일어났다. 바로 그때 재령교회에서 시무하던 이재선(李在善) 장로가 그 자리에서 거꾸러지고 말았다. 이러한 광경을 지켜 본 사경회에 참석한 많은 회중들이 이것이 길선주 조사의 능력 때문이라며 그에게 고맙다는 인사를 했다고 한다.

여기에 힘을 얻은 길선주 조사는 자신의 교회에서 모이는 집회이기에 그냥 시작할 수가 없어서 자신의 교회 박치록 장로와 함께 사경회를 위해서 최초로 새벽기도회를 실시하였다. 로데스(H. A. Rhodes, 노해리) 선교사가 쓴 *History of korea Mission, Presbyterian Church U.S.A* 에 의하면 "1907년 남자들 반에서 길선주 조사가 설교하는 기간 중에 2,200명의 결신자를 얻었다"고 기록이 되었다.

이미 평양에 부흥사경회의 붐이 일어나고 있던 때라 길선주 조사는 장대현교회 당회장인 이길함 선교사에게 특별집회를 할 수 있도록 협의를 구하였다. 다행히 당회의 허락으로 동기 사경회를 개최하였다. 이에 자신감을 가진 길선주 조사는 더욱이 평양에서는 처음 있는 일이고 해서 각별한 관심을 갖고 기도로 준비를 하였다. 1907년 1월 6일 장대현교회에서 열린 겨울 남자 사경회는 평양 사경회였다. 이 사경회는 남자 사경회로서 2주 동안 실시하였으며, 이날 장대현교회에 모인 인원은 약 1,000명으로 아주 큰 모임이었다. 이날 장대현교회에 모인 회중들은 360리 밖에서 온 이들이 대부분이었으며, 교통비, 식사 문제는 모두 본인이 해결해야 했다.

개회 첫날 뜻하지 않게 1,500명이 모여들었다. 수요일 밤에 모이는 시간에 길선주는 "마음의 문을 열고 성신을 영접하라"고 외치면서 "민족이 살 수 있는 길은 회개밖에 없다"는 말에 모두들 감동을 받았다. 은혜를 받은 많은 회중들은 집이나 숙소에 가는 것도 잊은 채 남아서 기도를 하고 있었으며, 수백 명이 밤을 새면서 기도를 계속하였다.

다음 날에는 '이상한 귀빈과 괴인한 주인'이란 제목으로 설교를 하였다. 설교가 중간쯤 진행되었을 때 회중에서 "아이고"라는 소리가 터져 나왔다. 이어서 "나 같은 죄인도 살 수 있습니까?"라는 외침이 나왔다. 설교는 계속되었다. 장내는 울음 바다가 되고 말았으며, 이때 길선주는 "어떤 일인지는 모르나 죄를 회개하는 간증을 하려면 먼저 상대방과 화해를 하시오" 했다. 이때 그 사람은 앞으로 나와서 간증을 털어놓았다. 상대가 길선주였기에 용서를 구하면서 간증을 하겠다고 나섰다. 이 사람은 앞으로 나와 자신이 저지른 죄에 대해서 말을 꺼냈다.[8]

"저는 늙은 어머니를 모시고 있습니다. 아내와 어린 자식도 있습니다. 생계가 너무 어려워 추운 겨울이지만 이부자리가 없어서 떨고 있는 가족의 모습을 볼 수 없어서 생각 끝에 도적질을 하기로 결심을 하였습니다. 그리고 우리집에서 가까운 집의 담을 넘어 갔습니다. 그런데

---

8) 길진경, 《영계 길선주》, p. 186.

그만 할아버지한테 걸리고 말았습니다. 잠시 큰 굴뚝에 숨어 있다가 다시 부엌 사이로 건넌방에 들어가 이부자리와 놋그릇 몇 점을 훔쳐 가지고 나왔습니다. 그 뒤 늘 마음에 고통을 견딜 수 없어 회개하면 용서함을 받을 수 있다는 말을 듣고 이 자리에 참석을 하였습니다. 오늘 참석을 하고 보니 바로 길선주 장로님의 댁이었습니다."9)

셋째 날이 되었다. 방은덕이라는 사람이 참석을 하였으며, 그는 도둑들이 회개한다는 말을 듣고 범죄자를 많이 잡기만 하면 진급할 수 있다는 생각에 이곳까지 오게 되었다. 이날 길선주 장로의 설교는 '지옥을 취하랴, 천당을 택하랴'는 제목이었다. 그도 역시 "아이고" 소리치며 손을 들고 "선생님, 나를 살려 주십시오" 하고 고함을 질렀다.

6. 길선주 목사의 목회 철학

(1) 기도, 목회의 승부

처음부터 주님께 감사한 마음을 가졌던 길선주는 기도에 목회의 승부를 걸었다. 그는 방에 기도하는 시간을 일정표로 만들어 벽에 붙여놓고 그 시간대로 기도를 실시하였으며, 여기에 독서하는 일도 빼놓지 않았다.

---

9) 길진경, 앞의 책, pp. 188-189.

1. 매일 한 시간의 보통 기도
2. 매주 사흘씩 금식기도
3. 매년 일주일간 금식기도를 세상 떠날 때까지 계속
4. 성경을 매일 한 시간씩 읽음과 동시에 암송
5. 성경 연구와 집필을 하루에 3시간
6. 하루에 2시간 독서[10]

그의 목회의 길은 험난한 십자가의 길이었다. 아침 5시, 또는 밤 10시로 일정한 시간을 정하고 기도하면서 수시로 명상의 시간을 가졌다. 성경을 연구할 때는 시간을 잊어버릴 정도로 열중하였으며, 금식기도와 철야기도는 그의 신앙생활에 있어서 아주 중요한 부분이었다.

1902년 장로로 피택된 그는 평양지역을 순회하면서 설교를 하였으며, 본래 웅변가였던 길선주 장로는 남다른 재능이 있어서 그의 설교는 듣는 이에게 큰 감화를 주었다. 그가 강단에 서는 시간이면 많은 이들이 큰 힘을 얻고 영적인 새 힘을 얻었다고 한다. 영적인 은혜가 마치 시냇물이 흘러가듯 조용하게 흐르는 듯한 느낌을 주었으며, 돋보기 안경을 낀 길선주 장로의 모습은 광채가 났으며, 그의 모습을 보는 순간 은혜를 받았다고 한다. 그래서 교인들은 "우리 길 장로님, 우리 천사와 같은 장로님" 하고 불렀다고 말하고 있다.

이상과 같은 일을 시행함으로 그가 얻은 결과는 엄청난 것들이

---

10) 길진경, 《영계 길선주》, p. 181.

었다.

1. 일생을 구약 전권을 30회, 이중 창세기와 에스더, 이사야서는 540회, 신약 전권은 100회, 묵시록은 만 독, 요한서신은 500회를 독파[11]
2. 자연을 사랑하고 아꼈음
3. 복음을 등에 지고 전국을 순회
4. 나뭇가지 하나라도 꺾지 말 것
5. 어린아이의 생명을 존중
6. 남을 사랑하고 서로 협력해서 아름다운 사회를 이루어야 평화가 온다고 주장

길선주 목사는 목회 철학이 분명하였기에 그가 외치는 곳마다 하나님의 놀라운 기적이 일어났다. 즉 1908년 길선주 목사가 의주에서 부흥집회를 할 때 1,000여 명이 밤을 새면서 통회하였으며, 이때 열세 살의 초등학생이 회개를 하였으며, 길선주가 떠날 무렵에는 200여 명의 초등학생들이 회개운동에 동참하였다.

1909년에는 100만 명의 회개운동을 전개하던 때였다. 대구에서 길선주 목사가 외칠 때 개교회 청년들이 모여 따로 길선주 목사를 초청하였으며, 역시 놀라운 기적의 역사가 일어났다. 경북 안동에서 집회를 인도할 때는 강병주라는 청년이 회개하였으며, 그는 후에 목사가 되었다. 그가 강신명 목사의 아버지이다. 이러한 소식이 전국에 알려지면서 그는 목포, 심지어 제주도에까지 가서 회개운

---

11) 김진경, 《영계 길선주》, 종로서적 1980. pp. 181-182.

동을 전개하였다.

길선주 목사가 오늘날처럼 대형교회를 만들지 않고 교회를 분립했던 일도 우리가 배워야 할 대목이다. 장대현교회는 교회 건축을 한 지 10년이 안 되는 때에 평양 시내에 4개의 교회를 분립했다.

1. 1894년 사창골 부인교회
2. 1900년 널다리교회를 장대현으로 이동 후 사창골 부인교회 통합 장대현교회
3. 1903년 남문밖교회 분립(평양 제2교회)
5. 1905년 사창골교회 분립
6. 1905년 널다리 옛교회 분립
7. 1906년 산정현교회 분립
8. 1909년 서문밖교회 분립[12]

감사절에는 농산물과 의류가 산적해 있었고, 성탄절에는 헌금이 수천 원이 들어왔으며, 해마다 교회 구역 안에 있는 빈궁한 가정, 신불신을 막론하고 가난에 시달리는 200세대를 구제했으며, 직업이 없는 교인들은 취직을 시키고 전도인을 양성하여 지방에까지 파송하고 교회를 설립하는 일에 힘을 쏟았다. 그의 슬로건은 "하나님의 은혜로 값없이 받았으니 값없이 주자"였다.

---

12) 길진경, 앞의 책, p. 224.

(2) 길선주 목사의 청빈한 삶

출옥 후에도 길선주 목사의 민족을 사랑하는 열정은 그 누구도 따라갈 수 없을 정도였다. 1921년 9월에 진주 옥봉리교회에서 그를 강사로 청하여 10일 집회를 개최하였다. 그는 보잘것없는 시골 교회도 마다하지 않고 집회를 인도하였다. 길선주 목사의 집회는 조선인을 일깨워 주었으며, 언제나 종말론 설교를 통해 민족의 독립을 상실한 민족에게 종교적인 희망을 강하게 넣어주는 등 소망을 불러일으키는 일이 그의 부흥회의 주목적이었다.

때문에 그의 부흥집회는 일본 경찰의 감시를 계속 받았으며, 그는 1929년 경북 안동지방에서 사경회를 인도하던 중 세상의 종말에 관한 설교를 하다가 일본 경찰 고등계 형사에 의해 체포되어 20일간이나 감금된 적도 있었다. 그의 삶을 지켜본 많은 사람들은 그가 조선교회의 초석이 되었다고 하였다.

그동안 일본 경찰은 그를 넘어뜨리기 위해서 여러 가지 전략을 세웠지만 모두 실패하고 말았다. 한번은 교활하기로 이름난 젊은 여인 몇 사람을 길선주 목사의 사무실에 보냈다. 길선주 목사는 조금도 유혹에 넘어가지 않고 오히려 야단을 치면서 소리를 질러 여인들이 황급히 도망간 일이 있었다고 한다. 그렇게 열심히 부흥운동을 전개하고 다녔지만 그의 목회 말년에 불행한 일이 터져 나오고 말았다. 그 사건은 1926년 박윤근이란 청년이 길선주 목사를 배척했던 일이었다. 길선주 목사는 몇 번이고 장대현에 엎드려 자신의 잘못이라면서 울었다는 기록이 있다.

길선주 목사는 1933년 500여 명의 성도들과 함께 이향리교회를 설립하였다. 이 무렵 사회주의 진보이념을 가진 이들에 의해 장대현교회를 나오기는 하였지만 그는 조금도 굴하지 않고 각 지역의 부름을 받고 부흥운동에 정열을 쏟았다. 이향리에 교회를 신설하여 이유택 목사를 위임목사로 하고 조선예수교장로회 이향리교회로 발족했다. 이 교회는 발전을 거듭하여 신현리로 장소를 옮기고 이름을 신현리교회라고 개칭했다. 이 교회는 길선주 목사의 말년에 땀의 결정으로 이뤄졌다고 말하고 있다.

재차 강조하지만 길선주가 조사가 되기 전에 한약방을 운영할 때 매월 수입이 자그마치 80원이었다. 그는 4년간의 약방업을 정리하고 황해도와 평안도를 넘나들면서 조사 생활을 하였다. 그때 그의 월급은 6원이었다. 길선주 목사의 아들 길진경은 이렇게 말하고 있다. "아버지 길선주 목사는 소박 청렴하였고, 민족과 교회를 위하는 마음에서 물질에 인색하지 않았으며, 맡은 일에 성심을 다하였다. 여행하게 될 때는 아내에게 작별인사를 하면서 나그네가 요구하는 것이면 옷이거나 여비이거나를 막론하고 거절하지 말라고 당부하곤 하였다"고 말하고 있다.

길선주 목사의 청빈한 삶은 오늘을 살아가는 목회자들에게 큰 교훈이 되고 있다. 장대현교회 대부흥운동의 마지막 날인 1월 14일 저녁에 길선주는 자신의 죄를 회중 앞에서 고백하고 말았다. "나는 친구로부터 100달러를 받았는데 그 돈은 자신이 죽게 되니 자기 집 사람을 돕는 데 써달라고 한 것입니다. 그런데 나 길선주는 그만 그 100달러를 나의 호주머니에 넣고 말았습니다. 나는 아간과 같은 죄인입니다. 나를 용서해 주십시오" 하고 청중을 향해 용서를 구하는 말에 모두 놀라고 말았다고 한다.

그는 1935년 11월 26일 평안남도 강서군 인차면에 자리잡고 있는 고창교회에서 부흥회를 인도하던 중 새벽기도회 때 66세의 나이로 하늘나라로 훨훨 날아가 버렸다. 평소에 즐겨 불렀던 "예수가 거느리시니"를 마지막으로 불렀다고 한다.[13]

7. 종결을 지으면서

(1) 교인이 계속 감소하고 있다

자기 생명보다 이웃의 생명을 위해 일생을 살아간 선교사들과 우리나라 신앙의 선배들을 보면서 이 민족이 무한한 하나님의 사랑을 받았음을 깨닫게 된다. 이제 우리에겐 그들처럼 살아가는 일이 과제로 남아 있다. 양화진에는 167명, 호남지방에 32명, 영남지방에 21명, 충청지방에 5명의 선교사가 잠들어 있다. 이는 하나님께서 우리 민족에게 베풀어 주신 은혜가 얼마나 풍성했는가를 말해주는 증거들이다.

양화진에 묻혀 있는 켄드릭(R. R. Kendrik) 여선교사의 말이 생각난다. 그는 25세의 꽃다운 처녀의 몸으로 한국 땅에서 선교를 하다가 9개월 만에 급성폐렴으로 삶을 마감하였다. "내게 천의 생명이 있어도 나는 조선을 위해서 바치겠다"는 말에서 그녀가 얼마나 조선의 백성을 사랑했던 선교사였는가를 알 수 있다. 천하보다 더 귀한 생명을 아낌없이 주면서 '어둠을 밝히며 빛을 비춘', 우리나

---
13) 김광식,《고창교회100년사》, p.126.

라에 주님의 사랑을 들고 와서 헌신적으로 봉사해 주신 선교사들과 위대한 신앙의 선배들에 대한 감사를 잊지 말아야 함과 동시에 그 빚을 갚을 수 있어야 할 것이다.

우리가 세상을 어떻게 보느냐 하는 것은 매우 중요하다. 성경에 나타나는 영적인 지도자와 같이 길선주 목사는 민족의 아픔과 고난을 자신의 아픔과 고난으로 보았다. 우리는 자신을 바라보고 이 나라와 민족을 예수님의 심정으로 바라보며 할 일들을 찾아가야 할 것이다. 신앙생활도, 봉사도, 전도도, 선교도 그 기초는 예수님의 마음과 사랑인 것이다. 바울 선교사 역시 동족인 형제의 구원 때문에 탄식하였다.[14]

(2) 성직자부터 회개해야 한다

오늘 여기에 모인 우리는 1907년의 평양과 전국에 놀랍게 일어난 성령의 역사가 나라와 교회를 부흥 발전시킨 것을 되새기며, 말씀과 참회기도와 자신의 삶을 변화시키는 진정한 신앙인의 자세로 돌아가야 한다. 1907년 평양 대부흥운동의 역사가 선교사들에 의해서 시작된 것처럼 지금 주님의 사자로서 부름을 받은 우리가 성령운동과 기도운동을 다시 일으켜서 오순절의 놀라운 역사가 온 세상에 풍성하게 일어나 한국교회를 변화시키는 힘이 되기를 또한 기원해야 한다.

지금 한국교회는 위기를 만나고 있다. 10년간 교인이 계속 감소

---

14) 롬 9:2-3

해 왔다. 2006년 5월 정부 통계청의 발표에 의하면 개신교는 1.6%인 약 14만 4,000명이 감소되었다. 반면 천주교는 74.4%, 불교는 3.9%로 각각 증가했다. 개신교는 성스러움을 상실하고 교인의 머리 숫자와 헌금 액수의 강조, 교회당 건물의 크기에만 집중하는 물질주의와 경제지상주의, 즉 성장에 초점을 맞춘 것이 감소의 요인이 되었다. 개신교에서 천주교로 개종하게 된 이유를 찾아보면 몇 가지가 있다. ① 외형에 치중 ② 직분에 대한 자리 싸움 ③ 헌금 강요와 교세 확장 집중에 몰두 ④ 서로 상처를 많이 주고, 용서와 화해가 없다.[15]

여기에 개신교 신자들이 천주교를 택하는 이유는 ① 성당의 성스럽고 엄숙한 분위기 ② 성직자들과 성도들의 생활에서 드러나는 성스러움의 이미지 ③ 개인의 사생활을 침해하지 않으려는 노력, ④ 술과 담배에 대한 무규제와 제사 허용, 다른 종교에 대한 관용적인 태도로 나열할 수 있다. 여기에 천주교가 성장할 수 있었던 핵심적인 요인은 ① 결속력 ② 청렴성 ③ 정의와 인권 활동이다. 여기에 결속력이란 수입금의 50-62%까지 납부하는 교구 공납금 제도와 ④ 집에서 가장 가까운 성당에 다니도록 지도하는 신자 관리제도 운영 ⑤ 청렴성으로는 성직자들이 재산과 주택을 소유하지 않는 청빈한 생활 등이다.[16]

만일 여기에서 한국교회의 회개와 각성이 없으면 유럽 교회처럼 될 수도 있다는 것이다. 교인이 없어져서 교회당이 모슬렘으로

---

15) 김수진 · 노남도, 《어두움을 밝힌 한국교회 대각성운동》, 쿰란출판사, 2007. p.394.
16) 김수진 · 노남도, 앞의 책, p. 394.

팔리도 하고, 심지어 술집으로 팔리는 교회들이 수없이 많다는 사실을 명심해야 한다. 지금 한국교회는 100년 전 평양에서 일어났던 사건을 다시 말하지 않을 수 없다.

길선주 장로는 설교를 할 때 설교의 마지막을 실증적인 예증으로 끝맺었다. 한 가닥의 밧줄로 자기의 가슴 둘레를 단단히 얽어매고 그 한 끝을 한 사람에게 잡게 하고 강대상 곁에 서 있는 윤산온(George S. McCune) 선교사에게 도와달라고 말했다. 그것은 죄에 얽매인 사람이 그 줄을 끊고 하나님께 돌아오려고 하는 행동인 것을 설명한다. 그 줄을 잡아당기면 죄 아래 속박되어 있는 사람이 몸부림치듯 하다가 결국 그 줄을 끊고 강대상으로 달려가 윤산온 선교사와 서로 껴안았다.[17]

윤산온 선교사의 말에 의하면 길선주 장로가 그 밧줄을 끊으려고 할 때, 회중은 숨을 죽인 듯이 고요했다. 그러나 그 밧줄을 끊고 서로 팔을 벌려 껴안았을 때, 그 결과는 말로 설명할 수가 없었다. 많은 사람들이 자기들의 죄를 회개하려고 울부짖었고, 고백하는 사람들이 계속 일어나는가 하면, 어떤 사람들은 마룻바닥에 넘어져서 통회의 눈물을 흘렸다. 길선주 장로는 온 회중에게 집으로 돌아가서 자기와 관련된 사람에게 자신의 죄를 자복하고 저녁 집회에 다시 오라고 선포하였다.

우리 중에 2107년의 그날을 살아갈 사람이 누구일까? 그러나

---

17) 길진경, 앞의 책, p.196.

그날은 우리에게 다가올 것이다. 오늘 우리가 100년을 바라보면서 새로운 역사를 계획하며 써가야 할 것이다. 그리고 주님께서 원하시는 대로 행동해야 한다. 100년 후에 교회사학가들이 역사를 어떻게 쓸 것인가 걱정이 앞선다. 그래서 총회역사위원회에서 이러한 기회를 만든 줄 안다.

100주년을 맞이하는 한국교회의 부흥운동이나 각성운동을 통해서 14만 4,000명의 감소된 교인들을 제자리에 돌려놔야 한다. 그렇게 하려면 먼저 성직자들이 회개운동을 해야 한다. 100년을 맞이하면서 오히려 개교회마다 목회자와 교인들의 갈등은 골이 깊을 대로 깊어 있다. 목회자들은 너무 경제적인 면을 밝히고 교인들의 귀한 헌금을 자신의 주머니처럼 사용하는 예가 허다하다고 말들 하고 있다.

한국교회가 대형 교회로 나아가고 있음을 볼 때 교회를 하나의 기업으로 생각하는 목회자들이 많이 있다. '전도주일'이다, 또는 '총동원 전도주일'이다 하고는 전 교인들로 하여금 교인을 동원하게 하는데 믿지 않는 사람을 데리고 가는 것이 아니라, 이미 다른 교회에 적을 둔 교인들을 데리고 가서 "이번 주 총동원 주일에 우리 교회에 몇만 명이 출석을 하였습니다"라고 광고하고 여기에 상품권까지 끼워 주는 사례들이 서울 시내뿐만 아니라 지방에까지 벌어지고 있다. 마치 '자전거 일보'를 떠오르게 한다. 한때 모 일간지에서 판촉 사원을 통하여 신문을 구독하면 자전거 1대를 무료로 준다는 꼬임에 빠져 그 신문을 구독하는 사람들이 많이 생겨난 데서 나온 말이다.

모 신문사가 확장하듯이 교인들을 이용하는 교회가 많은데, 이러한 교회는 기업형 교회이기 때문에, 천주교회로 개종해 버리는 숫자가 계속 증가하고 있다. 여기에 기독교에 대해서 혐오를 느낀 사람들은 불교로 개종해 버리기 때문에 역시 불교도 증가하고 있다. 그러므로 한국교회는 물량공세로 이웃 교회 교인을 빼앗아 오는 일은 하지 말아야 한다.

요즘 교회마다 세대교체가 이루어지면서 여기저기서 원로목사를 추대하는 일이 많이 발생하고 있다. 여기에는 항상 금전 관계가 얽혀 교인들에게 실망을 주고 있다. 일생을 한 교회에서 20년간 목회한 일은 높이 평가할 일이다. 그러나 목회를 시작할 때 원로로 추대 받으면서 수십억 원씩 요구하는 목사들이 하나 둘 생기면서 불상사를 일으키는 교회들이 생겨나고 있다. 이때 "액수가 적다, 많다" 하는 이야기가 가난한 교인들의 눈에 원로목사가 어떻게 비칠지 염려된다.

예수님께서 나를 따르려면 있는 것을 다 가난한 이웃에게 주고 따라오라고 할 때 부자 청년은 돈을 버리고 예수를 따라갈 수가 없어서 근심하고 돌아갔다는 이야기들을 수도 없이 설교하면서도 거액을 요구하여 원로목사로 추대 받고 예수의 정신은 이미 머릿속에서 지워버리려고 하는 목사가 너무나 많다.

"사람은 빈손으로 왔다가 빈손으로 가는 것이 당연한 이치다"라고 강단에서 외친 목사들은 왜 그렇게 돈을 좋아하는지 모르겠다. 얼마 전에 내가 아는 장로의 말을 듣고 실망을 하지 않을 수 없었다.

그 지방(노회에 해당)에서는 승용차를 최고 소나타 이상은 타고 다니지 않기로 결의한 적이 있었다고 한다. 그런데 그 목사는 그

랜저를 꼭 사달라고 해서 마음 약한 장로들이 제직회원들을 설득해서 그랜저를 구입해 주었다고 한다. 이러한 모습을 본 몇몇 집사는 항의를 하고 그 교회를 떠난다는 말을 들었을 때, 그 장로도 양심이 있었는지 자신도 그 교회를 떠나기로 결심했다고 한다.

얼마 전 신문에서 셀 목회에 관한 기사를 읽었다. 물론 일부분이겠지만 셀에서 나오는 헌금은 담임목사(당회장)가 마음대로 사용하고 제직회에는 일절 보고를 하지 않는다는 기사였다. 나는 '큰일났구나' 하는 마음이 들었다. 한국교회 목사 중 일부 목사들이 돈에 눈이 어두워졌음을 보았다. 이들이 어떻게 목사라는 성직을 맡았을까 싶다.[18]

끝으로 한국교회가 언젠가는 하나 되어 하나님께 영광 돌리는 날이 올 것을 믿고 싶다. 동시에 남북이 하나 되어 통일의 나라를 이루어 세계 역사에 기여하는 우리 민족이 될 줄을 믿는다.

---

18) 〈평신도신문〉 2006. 12. 9.

▶ 참고문헌

- 계일승 편, 《마포삼열박사 전기》, 장로회신학대학교, 1973.
- 김광식, 《고창교회100년사》, 고창교회역사편찬위원회, 2003.
- 김수진, 《한국기독교발자취》, 한국장로교출판사, 1998.
- 김수진·노남도, 《어두움을 밝힌 한국교회와 대각성운동》, 쿰란출판사, 2007.
- 김인서, 《한국기독교순교사와 그 설교집》, 국제신보출판사, 1962.
- 길진경 편 《영계길선주목사저작집 제1권》 대한기독교서회, 1968.
- _____, 《길선주 목사 예화모음》 기독교문사, 1994.
- 길진경, 《靈溪 吉善宙》, 종로서적, 1980.
- 김진환, 《한국교회부흥운동사》, 크리스챤비전사, 1976.
- 이성호 편, 《한국신앙저작집 1, 길선주 목사 및 약전집》 혜문사, 1969.
- _____, 《한국신앙저작집 2, 강대보감 및 다니엘서 사경안》 혜문사, 1969.
- 김석환, "길선주 목사와 한국교회", 〈칼빈논단〉24(2004).
- 김승철, "3·1독립운동과 부흥사 영계 길선주 목사의 관계", 〈목원대논문집〉47(2006).
- 나동관, "길선주의 생애와 민족사상", 〈문화전통논집〉9(2001).
- 대한예수교장로회 제1-5회독노회, 《대한예수교장로회 총회 영인본》, 1962.
- 문백란, 《길선주의 종말론연구》, 〈교회와 역사〉4(2000).
- 민경배, 《한국기독교회사》, 대한기독교서회, 1978.
- _____, 《기독교와 민족운동》, 탐구사, 1967.
- 신기영, 《한국기독교의 민족주의》(1885-1945), 도서출판 동혁, 1995.
- 신용하, 《신판 독립협회연구(상)》, 일조각, 2006.
- _____, 《독립협회와 개화사상》, 일조각, 1999.

- 양승억, "평양신학교 제1회 졸업생들이 한국교회 형성에 미친 영향", 장신대 대학원 석사논문 미간행, 1974.
- 옥성득, "평양대부흥운동과 길선주 영성의 도교적 영향", 〈한국기독교와역사〉 25(2006).
- 윤경로, 《한국근대사적 이해》, 역민사, 1997.
- 이형웅, "1907년 평양대부흥운동의 주역 길선주 목사의 설교와 삶", 〈신학사상〉 137(2007).
- 제임스 S. 게일, 심현녀 옮김, 《선구자—한국초대교인들의 이야기》, 대한기독교서회, 1993.
- KIATS 엮음, 《한국기독교지도자 강단설교》, 홍성사, 2008.
- 차재명 편, 《조선예수교장로회사기 상권》, 신문내, 1928.
- 한국기독교역사연구회 편, 《한국기독교역사1권》, 교문사, 1989.
- 허호익, "길선주 목사의 말세학의 한국신학적 특징", 〈신학과문화〉 16(2007).
- 〈평신도신문〉, 2006. 12. 9.
- 〈기독공보〉, 2006. 12. 9.

- J. S. Gale, *A History of the Korean People*, Seoul, C. L. S 1927.
- J. Z. Moore, *The Great Revival Year*, KMF, vol. 3, no. 8, 1907.
- H. A. Rodes(ed), *History of the Korea Mission Presbyterain Church*, U.S.A.
- S. H. Moffett, *Modern Transformation of Korea in*(The Korea Herald, Seoul, Sunday Oct. 19, 1969).

장로교 최초 목사 7인 리더십
정성한 교수(영남신대)

8. 한석진 목사의 목회 리더십

한석진 목사의 목회 지도력[1]

서론

"지금 이 시기에 한국 장로교 최초의 목사 7인 님들의 목회 지도력에 관심을 갖는 이유는 무엇일까?" 그리고 "그 일곱 분 가운데 한 분이신 한석진 목사님의 목회 지도력에서 21세기 한국교회가 얻을 수 있는 교훈은 무엇일까?"에 깊은 주의를 기울이며 이 글을 서술하려고 한다. 그러므로 다음과 같은 순서로 '한석진 목사의 지도력'이라는 주제를 검토하려고 한다.

---

1) 이 글은 이미 〈선교와 신학〉 제19집(서울: 장로회신학대학교출판부, 2007)에 발표한 졸고, "한석진 목사와 일본 선교-토착 교회의 민족 주체성이 선교에 미치는 영향을 중심으로"를 주요 뼈대로 삼아, '한석진 목사의 목회 지도력'이라는 주제에 맞게 재구성하고 보완한 것임을 밝힌다.

우선, 그의 연대기를 통해 드러나는 삶의 이력을 보고자 한다. 그의 삶의 이력 자체가 우리에게 시사하는 바가 클 것으로 본다.

둘째, 한석진 목사의 연대기에 기초하여 그의 한국교회사적인 위치를 정리하려고 한다. 한석진 목사는 한국교회 초기의 자생적 신앙공동체의 일원이면서 한국교회가 민족종교로 자리잡는 데 크게 기여한 한국교회 지도자 중의 한 사람이다. 그는 이 땅에 선교사들의 공동체가 있기 전 이미 만주에서 형성된 첫 '자생적 신앙공동체'와 깊은 관련을 가진 '의주 청년들' 가운데 한 사람이다. 또 한국에 들어온 서양인 '선교사 공동체'와 토착인 '자생적 신앙공동체'를 적극적으로 매개함과 동시에 선교사 공동체들이 미지의 땅에서 정착하며 그들 소기의 사명인 선교를 수행할 수 있도록 순교적 자세로 헌신한 중개자이기도 했다.

이후 그는 선교사의 한국선교 정책을 비판적으로 수용하여, '한국인에 의한, 한국인의 한국교회'를 설립하는 주도적이면서도 독보적인 지도자가 되었다. 이 연구를 위해서 우선 초기 한국 기독교와 한석진의 사상을 이해하는 데 중요한 근거가 되는 '자생적 신앙공동체'의 형성과정과 한국교회사적 의미를 본 연구과제의 전 이해를 위해 살피려고 한다.

셋째, 본 발표의 핵심 주제인 '한석진 목사의 목회 지도력'을 대략 여섯 부분 정도로 정리하려고 한다. 글의 순서에 나타나듯, ① 구도자적 지도력, ② 희생과 헌신의 지도력, ③ 개혁적 지도력, ④ 자주적 지도력, ⑤ 에큐메니컬 지도력, ⑥ 민족의 방향성에 대한 진지한 고민이 있는 지도력 등이다. 이 순서에 특별한 의미는 없으며, 필자가 스스로 21세기 한국교회 지도자로서 가져야 할 지도력이 무엇일까를 고민하며 우선 한석진 목사의 삶에서 눈에 띄는 대로 정리한 것이다.

　마지막으로 결론을 대신하여 한석진 목사가 한국 장로교가 파송한 첫 일본 선교사로서 일본선교에서 보여준 목회 지도력을 정리하려고 한다. 이를 통해 3개월에 불과한 짧은 그의 일본선교가 가진 한국교회사적 의의, 선교신학적 의의를 소개하려고 한다. 이 부분은 또한 한석진 목사의 목회 지도력의 실제를 볼 수 있는 실례이기도 하다.

1. 한석진 목사의 연표2)

한석진 목사의 개인사	한국사 및 한국교회사
1868. 9. 6 평북 의주읍 동부동에서 한사운의 3남으로 출생	1879 의주 상인 백홍준·이응찬이 만주에서 세례받고, 첫 '한국인 신앙 공동체' 형성 1882 첫 한글성서 《예수셩교누가복음젼셔》 발행 서상륜 세례받고 입국 전도 국내에 '자생적 신앙공동체' 형성 1884 알렌 입국, 갑신정변 1885. 6. 21 알렌, 언더우드, 헤론, 아펜젤러 등이 제중원에 '선교사 공동체' 형성

---

2) 참고. 이덕주, 《한국기독교인물탐구2, 한국기독교 선구자 한석진 목사의 생애와 사상, 나라의 독립 교회의 독립》(서울: 기독교문사, 1988), pp. 325-334.

한석진 목사의 개인사	한국사 및 한국교회사
1887 장사하기 위해 중국 산동성 만주 내왕	1887 가을 언더우드 의주 방문, 한국인 '자생적 신앙공동체' 확인
1891. 3. 24 압록강변 통군정에서 마펫, 게일과 만남	1891. 3. 20 마펫, 게일 의주 방문
9월 마펫에게 세례받음	
9월 의주읍교회 초기 모임 시작	
1892. 11. 28 서울에서 개최한 신학반 참석	
서울에서 전도활동	
마펫에게 개인 사사	
1893. 3. 6 마펫, 스왈른, 리 등과 함께 평양으로 출발	1893. 6 널다리골교회 초기 모임 시작
5월 가족을 평양으로 이주시킴	
10월 조사로 임명됨	
1894. 5. 10 평안도 관찰사 명으로 체포, 다음 날 석방됨	1894. 6. 23 청일전쟁 발발
9월 웅진교회 설립(피난 중)	
1895 자덕교회, 남창교회 설립	
1896 소우물교회 설립,	
신의학교, 신애학교 설립	1897. 7. 2 독립협회 창설
1898. 3 독립협회 관서지회 활동 참여	1898. 3. 10 독립협회, 만민공동회 개최
1899 구동창교회 설립, 구동학교 설립	
1900 추빈리교회 설립, 미정리교회 설립	1900 평양교회를 장대현에 신축, 신약성서 완역
	1901. 6 대한예수교장로회공의회 창설
1902 무진교회 설립	
1903. 6. 24 소우물교회 장로로 안수받음	
9월 장로회공의회에 참석 시작	
1904 평양장로회신학교 3학년에 편입	1904 러일전쟁 발발
1907. 6. 20 평양장로회신학교 1회 졸업	1907. 1 평양 대부흥운동
9. 17 독노회에서 목사안수	9. 17 대한예수교장로회독노회 창립
독노회 서기에 피선	
소우물, 미림, 이천교회 담임	
1909.9 일본 유학생을 위한 선교사 파송	
<예수교회보> 발행 임무	
1910. 2. 28 <예수교회보> 창간	1910. 8. 10 <예수교회보> 통감부에 압수
11. 27 안동교회 창설	8. 29 한일병탄
	11. 29 <예수교회보> 총독부에 압수

한석진 목사의 개인사	한국사 및 한국교회사
1912. 9. 1 조선예수교장로회 총회 서기로 피선	1912. 9. 1 조선예수교장로회 총회 창립
1913. 9 총회 부총회장에 피선	
1915. 9 경충노회에 "조선장로교회 명칭을 조선기독교회라 변경"할 것을 헌의	
1916. 4. 24 경남 마산교회 담임	
1917. 9. 11 총회 6대 총회장 피선	
1918. 3. 26 조선예수교장감연합협의회 창립총회에서 "교회세력의 연합 문제"로 강연	1918. 9 장로교 총회에서 선교사에게 언권만 주기로 결정
1921. 9. 18 신의주교회 취임예배	
1922. 11 신명의숙 안에 부인을 위한 야학을 개설	
1925. 12. 28 모트 초청간담회에서 선교사 비판발언	
1926. 9 <종교법안> 반대운동을 범교단적으로 전개	
1929. 서울로 이주, 금강산 기독교 수양관 건축모금운동 시작	
1934 평양 장대현교회 분규 조정	
	1938. 9 총회 신사참배 결의
1939. 3 조선신학원 설립 축하 8.20 별세	

2. 한석진 목사의 한국교회사적 위치: 자생적 신앙공동체를 중심으로[3]

우리나라에 개신교 신앙공동체가 생겨난 것은 천주교 신앙공동체가 생겨난 이후 거의 100년 뒤의 일이었다. 1832년에 귀츨라

---

3) 졸고, "한석진 목사와 일본 선교-토착 교회의 민족 주체성이 선교에 미치는 영향"을 중심으로," pp. 119-123.

프(K.F. Guezlaff)라는 독일인 선교사를 필두로 하여, 30여 년 후인 1865년에는 토마스(R.J. Thomas)라는 영국인 선교사가 왔다. 그들은 모두 본래 중국에 온 서양 선교사들이었으나 조선을 위해 선교의 문을 두드렸다. 그러나 귀츨라프는 결국 포기했고, 토마스는 침략자의 한 명으로 취급받아 죽을 수밖에 없었고, 우리나라 개신교의 첫 번째 순교자가 되었다.

이후 스코틀랜드 출신 로스(John Ross) 목사와 매킨타이어(John MacIntyre) 목사는 1874년 10월 이후부터 본격적으로 만주 지역의 한국인들을 찾아 나섰고, 중국과 한국의 국경지역에 '고려문(高麗門)이라는 작은 마을에서 백홍준, 이응찬, 서상륜, 서경조 같은 의주 지역 청년들과 이름이 알려지지 않은 여러 사람들을 만나게 되었다. 그리고 이 사람들이 드디어 한국인 첫 개신교 신앙공동체를 형성한다.

첫 신앙공동체를 이루는 사람들의 공통점은 다음과 같다. 이들은 대부분 한문에 능통하고 학식이 풍부했다. 또 개방적이고 독립적인 의식을 소유하였고, 새로운 문화와 새로운 사회질서에 대한 욕구가 강했다. 이들은 대부분 상인들이었다.

만주에서 생겨난 첫 신앙공동체는 서양 선교사들과 함께 우리말 성경책을 펴냈고, 또 권서가 되어 그 성경책을 직접 우리나라에 가지고 들어와 널리 전하기도 하였다. 특히 이런 일에 있어서 만주에 있는 신앙공동체의 역할은 매우 컸다. 1882년 첫 한글성경이 출판되자 권서들은 우선 만주에 있는 한인촌에 가서 성경책을 팔며 복음을 전했고, 곧바로 압록강이나 두만강을 건너와 성경책을 팔며 복음을 전하기 시작했다. 이렇게 해서 1883년에는 평양과

심지어는 서울에도 성경책이 전해졌고 하나님을 믿는 사람들이 생겨났다. 하나님을 믿는 사람들이 한 지역에서 조금씩 많아지면 자연스럽게 그 지역에 신앙공동체가 이루어졌다. 이런 식으로 권서들이 다니며 성경책을 팔고 복음을 전하는 곳마다 신앙공동체들이 생겨났다. 이들이 '자생적 신앙공동체'이다.

그러나 만주의 서양 선교사들이 우리나라에 들어오기는 쉬운 일이 아니었다. 또한 천주교에 대한 큰 박해가 끝난 지도 그리 오래되지 않아서 일반 백성들이 성경책을 사서 읽거나 하나님을 믿는다는 것도 쉬운 일이 아니었다. 그러므로 누군가가 처음에 성경을 자기 돈으로 사서 읽고 하나님을 믿게 되기까지는 많은 노력과 희생이 따랐다. 이 땅에는 성경을 가르쳐 주거나 교회를 세워주거나 예배를 인도해 줄 선교사도 목사도 아직 없었다. 물론 어려움을 겪을 때 그 문제를 어떻게 해결해야 할지 가르쳐 주는 사람도 없었다. 모든 문제는 스스로 해결해야 했다.

처음 신앙공동체가 가지고 있는 것은 오직 성경책밖에 없었다. 그러므로 처음 신앙공동체는 철저히 성경을 중심으로 살았다. 성경을 읽다가 예수님을 믿어야 한다는 것을 알았고, 성경을 읽다가 세례를 받아야 한다는 것도 알았고, 성경을 읽다가 함께 모여 예배드려야 한다는 것을 알았다. 처음 신앙공동체 사람들은 이처럼 예수님을 믿기 시작하는 일부터 시작해서 다른 사람에게 전도하고, 여러 사람이 모이면 공동체를 이루어 교회를 세우고, 예배당을 짓는 일들을 주체적이고 자발적으로 해냈다. 바깥 사람들이 도와주지 못해도 스스로 자립해 간 것이다. 그래서 처음 신앙공동체를 일컬어 '자생적 신앙공동체'라고 부른다.

그런데 이 땅에 자생적 신앙공동체가 그 뿌리를 한참 내리고 있을 무렵에, 조선은 미국과 수호통상조약을 맺게 되고(1882년), 이 조약은 미국의 선교사들이 한국에 합법적으로 머무를 수 있는 근거가 되었다. 1884년 9월 20일에 미국 의사 알렌이 첫 번째 한국 거주 선교사로 입국한 이후, 광혜원(후에 제중원)을 설립한다. 1885년 4월 이후 3개월 안에, 장로교의 언더우드와 감리교의 스크랜턴을 필두로 목사 선교사 가족들 및 의사 가족들이 한국에 선교사로 입국함으로써 제중원을 중심으로 이 땅에 '선교사 공동체'가 형성된다.

그러므로 1885년 6월에 이 땅에는 두 개의 개신교 신앙공동체가 존재하였다. 하나는 이 땅 곳곳에 오직 성경만을 중심으로 생겨난 순수 한국인 중심의 '자생적 신앙공동체'였다. 또 다른 하나는 자신들의 고국에는 아직 잘 알려지지 않은 나라에 선교하러 온 '선교사 공동체'였다. '자생적 신앙공동체'가 요연히 번지는 들불처럼, 이 땅의 가난한 백성들을 찾아 널리 확산되고 있었다면, '선교사 공동체'는 나라 임금이 정한 법에 따라 서울 성곽 안으로 제한된 자신들의 주거지를 벗어나지 못하며 제중원을 중심으로 살고 있었다.

그 두 공동체는 각자 성령의 인도하심을 따라, 자신들의 부족한 부분을 채워 줄 지체와 자신들의 도움을 필요로 하는 지체를 서로 찾고 있었다. 그러다 1886년 말과 1887년 초에 이 두 공동체가 만나 하나의 공동체를 형성하게 된다. 이 두 공동체를 만나게 하여, 그 하나 된 공동체가 더 체계적으로 한국선교를 감당해 가도록 한 사람들은 '자생적 신앙공동체'의 초기 지도자들 중 한 사람이었던 서상륜이었다. '자생적 신앙공동체'의 지도자 서상륜이 '선교사 공동체'를 찾아가고, 또 '선교사 공동체'가 '자생적 신앙공동체'를 찾아오는 이 과정을 통해 한국교회 초기 선교의 원형(元型)이 형성된 것이다.

이런 점에서 한국교회의 역사는 세계교회사에서 그 유례를 찾아보기 힘들 정도로 독특한 과정을 겪었다. 선교의 역사를 볼 때, 대부분의 나라에서는 외국 선교사가 어느 나라에 정착하여 먼저 선교사 공동체를 이루고, 그 나라의 사람들을 점차 복음화함으로써 그 땅에 신앙공동체가 형성되고 교회가 발전하는 양태를 띠고 있다. 그러나 우리나라는 그런 일반적인 과정과는 반대로, 먼저 이 땅에 토착민들에 의한 신앙공동체가 형성되어 성장하고 있는 과정에, 외국 선교사들이 우리나라에 들어와 정착하며 선교사 공동체를 이루었다.

선교사 공동체가 아직은 복음 전파라는 본래의 임무를 충분히 수행하지 못하는 상황에서 이미 성장하고 있던 자생적 신앙공동체를 만나 하나의 보다 발전된(변증법적 통일을 이루는) 신앙공동체를 이루어 이 민족을 복음화해 가는 시대적 사명을 함께 수행해 간다는 것이다. 이것은 한국교회의 초기 역사를 이해하는 중요한 열쇠이다. 더욱이 한석진 목사의 목회 지도력은 이상과 같은 초기 한국교회의 목회 지도력의 원형을 고스란히 간직하고 있을 뿐만 아니라, 더욱 바람직한 양태로 발전해 가는 표본이라는 사실이다.

3. 한석진 목사의 목회 지도력

(1) 구도자(求道者)적 지도력

필자는 만주에서 형성된 의주 청년들 중심의 '신앙공동체'의 구도적 삶에 주목한다. 그들은 선교사들의 언어선생으로 성경번역에 참여하고, 이 과정에서 구원의 도를 깨닫고 세례를 받았으며, 출판된 쪽복음서들을 들고 사선을 넘어 복음을 전하고 오직 성경에 기초한 거룩한 삶을 살아갔다. 한석진 목사의 삶도 앞선 의주 청년 '신앙공동체'의 삶을 그대로 보여준다.

그 역시 첫 신앙인 서상륜에게서 기독교의 복음을 듣고 접한 후, 1891년 3월에 의주를 방문한 선교사들(마펫과 게일)과의 만남을 통해 세례를 받았다(같은 해 9월). 이것이 한석진에게 가능했던 것은 어린 시절부터 그의 몸에 붙어 있는 구도자(求道者)적 삶에 기인한다. 채필근 목사의 기록에 따르면, 한석진 목사는 어린 시절부터 유교나 불교에서는 안심입명(安心立命)의 길을 찾지 못하고 마음에 고통을 느끼면서 우울한 나날을 보내고 있었다고 한다. 그런데 19세 되던 어느 날 전부터 백두산에 유명한 도인이 있다는 말을 듣고 그 도인을 찾아 백두산 깊이 들어가서 수도하기를 결심하고 아버지 몰래 길을 떠나려던 차에 발각되어 그 뜻을 이루지 못했다고 한다.[4]

한석진은 '사서삼경'이나 '삼강오륜'을 가르치는 서당 훈장에게서 가르침과 일치하는 삶을 발견하지 못했고, 불상 앞에서 절하

---

[4] 蔡弼近 編,《韓國基督教開拓者 韓錫晋 牧師와 그 時代》(大韓基督教書會, 1971), p. 13.

는 중에게서도 역시 서당 훈장과 다를 바 없는 삶의 허울을 보았던 것이다. 그가 추구하는 도(道)는 삶으로 살아낼 수 있는 가르침이었다. 결국 그는 기독교에 귀의하여 세례를 받게 되자, 본격적으로 성경을 배우려고 서울로 향하게 되는데(1892.11), 이는 서울 선교부에서 운영하는 '신학반'에 들어가 참된 구도의 길을 걷기 위한 것이었다.5)

선교사 마펫은 1907년 2월 14일자 "한국에 있어 교육받은 교역자들"이라는 논문에서 장로교 최초의 7인 평양장로회신학교 졸업 대상자들에 대한 인물평을 했는데, 한석진의 구도적 삶에 대해 이렇게 기록하고 있다.

"한석진 그는 1891년 나에게 세례를 받은 사람으로 신앙 경험이 가장 오래였다. 그는 본래 의주사람으로 훌륭한 교육을 받았고 만주 등지에 여행한 경험도 가졌다. 내가 그를 의주 통군정 위에서 만났을 때에 그는 빛나는 눈으로 나를 지켜보았고 나의 전도하는 말을 듣고는 더욱 호기심이 나서 여러 시간 서로 말을 주고받았다. 그의 복음에 대한 태도와 열심은 대단한 것이어서 마침내 신약성서를 받아 읽어보고 진리임을 깨닫고 나에게서 전도지를 얻어 매일 자기 상점에 출입하는 사람들에게 전하면서 예수를 믿으라고 권하였다. 그의 신앙은 불길처럼 일어나서 마침내 장사를 중단하고 나를 따라 서울로 올라와서 성경을 더 배우기로 결심하였다. 그는 서울에 와서도 그 열심이 조금도 변하지 않았다. 나는 드디어 그를 평양에 새 선교부를 설치하

---

5) 참고, 蔡弼近 編,《韓國基督敎開拓者 韓錫晋 牧師와 그 時代》, p. 35.

는데 보조자로 채용하기로 결정하였다. 저 유명한 그의 평양에서 겪은 박해에 관한 이야기는 내가 10여 년 전에 발간한 《조선 북부지역에 있어서 교회의 발전》이라는 작은 책에 자세히 기록되었거니와 그는 실로 사형장에서 그의 신앙의 견고함을 확증하였다."6)

(2) 희생과 헌신의 지도력

앞서 고찰한 바와 같이, 한국교회 초기 '자생적 신앙공동체'의 지도자들은 이미 이 땅에서 형성되어 자라고 있는 신앙공동체와 낯선 이국땅에 와 자리잡은 '선교사 공동체'를 서로 만나도록 함으로써 한국교회의 성장에 중요한 역할을 하였다. 처음 '자생적 신앙공동체'와 '선교사 공동체'의 만남은 세례를 매개로 하는 것이었다.7) 그리고 그 전형적인 실례를 한석진 목사에게서도 발견할 수 있다.

그는 신학반 수업을 받은 이후, 묵묵히 순교적 자세로 선교사들이 한국 땅에 정착할 수 있도록 도왔다. 그 대표적인 실례가 마펫 선교사가 평양에 정착하도록 도운 일이었다(1893. 6).8) 사실 서울의 장로교선교부에서 평양으로 파송받은 마펫, 스왈른, 리 세 선교사는 1893년 3월 평양을 방문하여 한석진 조사를 통해 가옥을 한 채

---

6) 蔡弼近 編, 《韓國基督教開拓者 韓錫晉 牧師와 그 時代》, pp. 136-137에서 재인용.
7) 졸고, "'제중원 신앙공동체'에 대한 역사적 고찰," 〈목회와 신학〉 제25집(경산: 영남신학대학교, 2006/4), pp. 186-191을 참고하라.
8) 백낙준, "韓國教會의 開拓者 韓牧師", 蔡弼近 編, 《韓國基督教開拓者 韓錫晉 牧師와 그 時代》, p. 13.

구입했으나 이 사실이 평양 주민들과 관가에 알려지면서 큰 어려움에 직면했다. 그리고 샀던 집을 다시 주인에게 되돌려 주어야 했다.[9] 이 사건이 있은 직후(1893. 5) 한석진은 평양 사람들이 외지인에게는 집을 팔지 않는다는 사실을 알고 부모가 있고, 자신의 삶의 터전이었던 의주에서 자신들의 가족을 평양으로 이주시킨 후 자신의 명의로 집을 샀다. 그리고 이 집이 평양의 첫 교회로 발전하게 된다. 이 과정에 대해 마펫은 미북장로교 해외선교부 총무에게 선교보고를 하면서 한석진에 대해 이렇게 증언한다.

> "제가 이곳에 온 후 얼마 안 있어서 온 가족이 이곳으로 이사한 한 씨가 말이 새어 나가지 않게 조그만 집을 구입하는 데 성공했습니다……저는 한 씨처럼 좋은 조사를 만나게 되어 진심으로 감사하고 있습니다. 저는 그의 용기와 열정을 보고 놀랐는데 그는 전도하는 데 매우 열심입니다……지난 주일에 저희는 한 씨 집에 조용히 모였는데, 저는 약 20명 가량의 사람들에게 설교를 했습니다……저는 한 씨의 집이나 그가 이곳에서 가지고 있는 그 집의 소유권에 관해 의문이 제기되기 전에 이곳을 떠나기를 바라고 있습니다. 지금은 제가 이곳에 머무르는 것이 일시적인 방문이라고 인식되어 있기 때문입니다. 그런 다음, 차기 방문 시에는 여관에 묵기도 하고 동시에 그의 집에 묵기도 하는 것이 안전하리라고 생각합니다."[10]

---

9) "그래함 리가 엘린우드에게 보낸 1893. 4. 13일자 보고서," 김인수 역, 《마포삼열 목사의 선교편지(1890-1904)》(서울: 장로회신학대학교출판부, 2000), p. 184 이하.
10) "마펫이 엘린우드에게 보낸 1893. 6. 6일자 보고서," 앞의 책, p. 198 이하.

"몇 달 동안 저희 주일 예배와 수요일 저녁 기도회에 10여 명이 정기적으로 참석해 왔습니다. 지난 주일인 1월 7일에는 세례문답자 반을 심사해서 문답을 통과한 여덟 사람이 공개적으로 세례를 받았고 성찬에도 참여했습니다. 그날은 한 씨와 저에게 무척 기쁜 날이었습니다."[11]

"저는 주님께서 제게 한 씨와 같은 좋은 조사를 주신 것으로 인해 기뻐합니다. 그는 보배로운 사람이며 성령이 충만한 사람입니다."[12]

그러나 이 과정에서 한석진은 평양 사람들에게 돌팔매질을 당했고, 관가에 붙들려가 죽도록 매를 맞기도 했다(1894.5). 그는 실로 평양이 '한국의 예루살렘'으로 불리게 하는 데 결정적인 기초를 놓은 사람이었다. 이것은 그의 희생과 헌신이 없었다면 불가능한 일이었다.

(3) 개혁적 지도력

한석진 목사는 본래 전통적인 유교를 배경으로 성장하였다. 그러므로 그에게는 전통 문화에 대한 강한 의식이 있었다. 그러면서도 그는 동시에 새로운 문화에 대한 과감한 개방성을 가지고 있었다. 그는 누구보다도 먼저 서구의 문화에 자신을 적응시켰다. 한석진 목사에 대한 한경직 목사의 증언은 그런 점에서 시사하는 점이

---

11) "마펫이 엘린우드에게 보낸 1894. 1. 12일자 보고서," 앞의 책, p. 240.
12) "마펫이 엘린우드에게 보낸 1894. 3. 16일자 보고서," 앞의 책, p. 250.

매우 크다.

"한석진 목사님은 여러 초대 지도자들 가운데 가장 뛰어난 인물 중의 한 분으로 생각합니다. 아마 그의 배경은 유교적 전통이었을 것으로 생각하는데, 그러나 그의 마음은 진리에 대한 열린 마음을 가지신 분이요, 새로운 문화에 대하여 남보다 먼저 눈을 떠 받아들일 것은 받아들이는 통찰력과 선견지명이 뛰어난 분이었습니다. 평양장로회신학교 제1회 졸업생 7명의 사진을 보신 분이 많을 줄 생각합니다. 여섯 분들은 다 당시의 보통선비들이 하는 대로 갓과 감투를 쓰고 있었습니다. 그러나 오직 한 목사님은 벌써 그때에 머리를 깎고 안경을 쓰고 단장을 가지신 모습을 볼 수 있습니다."[13]

한석진 목사는, "믿음이란 참된 생명 하나 얻자는 것이므로 제도니 의식이니 계율에 매여서 그 생명이 위축되어서는 안 된다"[14]고 가르쳤다. 이 가르침은 그의 신앙자세였다. 그가 새로운 문화를 적극적으로 받아들인 데에는 전통 문화를 업신여기거나 우상으로 취급하는 무지에서 기인한 것이 아니었다. 그것은 복음으로 인한 개방성이었다. 이런 신문화에 대한 개방성은 더 나아가 개혁적 지도력으로까지 발전한다.

그가 서울 안동교회를 세우고 목회할 때의 일이다. 당시의 사회 풍습에 따라 예배당은 남녀의 자리가 가운데 휘장으로 구별되어

---

13) 한경직, "선각자로서의 한석진 목사", 蔡弼近 編, 《韓國基督教開拓者 韓錫晋 牧師와 그 時代》, p. 6.
14) 金禹鉉, "머리말", 蔡弼近 編, 《韓國基督教開拓者 韓錫晋 牧師와 그 時代》, p. 2.

있었다. 그는 어느 날 수요예배 후 교회의 직원들을 모아놓고 가운데 휘장을 제거하는 문제를 제의했다. 그렇지 않아도 양반들은 예배당에 남녀가 모인다고 시비를 걸고 있는 마당에 자리 구별 휘장까지 걷어 제치자니 직원들로서는 사실 받아들이기 힘든 제안이었다.

그러나 한석진 목사는 우리나라의 낙후된 풍습과 그리스도 안에서 다 형제자매라는 기독교정신을 간곡히 설명하였다. 결국 한석진 목사의 인격과 진보적 사상을 존경하고 그의 결단성을 잘 알고 있는 직원들은 그의 제안을 받아들였고, 양반교회로 유명한 안동교회는 한국에서 남녀 자리 사이의 휘장을 철폐한 첫 교회가 되었다. 그뿐만 아니라 신축된 안동교회는 출입문도 남녀 구별 없이 하나로 하였다.[15] 이런 그의 개혁성은 그가 한국교회를 서양교회와는 다른 주체적인 기독교로 세우고자 했던 데에서 더욱 분명히 드러난다. 그렇지만 그가 목회했던 교회의 예배의식은 칼빈주의에 입각하여 엄숙한 경건성이 깃들여 있었다고 한다.[16]

(4) 자주적 지도력

한석진 목사는, '자생적 신앙공동체' 출신의 토착 기독교인으로서 서양인들의 선교사 공동체가 한국선교를 원활하게 할 수 있도록 누구보다도 희생과 헌신으로 도왔던 사람들 가운데 하나였

---

15) 蔡弼近 編, 《韓國基督敎開拓者 韓錫晋 牧師와 그 時代》, pp. 204-205.
16) 한경직, "선각자로서의 한석진 목사", 위의 책, p. 9.

지만, 그는 결코 한국교회가 서양교회의 축소판이 되는 것을 용납할 수 없었다. 그와 선교사들의 관계는 주종관계가 아니었다. 마펫은 평양장로회신학교 첫 졸업식을 앞두고(1907. 2) 그를 "평양에 새 선교부를 설치하는 데 보조자로 채용"[17]했다고 옛 일을 회상하며 말했지만, 한석진은 '국제선교협의회'의 회장 모트가 내한하여 선교사들과 한국인 지도자들 사이의 연석회의(1925.12.28-29)가 열리는 공개적인 자리에서 마펫을 "처음부터 나와 함께 일한 친구요 동지"[18]라고 표현했다. 한석진 목사는 스스로 주도적으로 선교사들이 한국에서 선교를 할 수 있도록 한국 민족과 한국의 교회를 위해 도왔던 것이다. 이것이 가능했던 것은 자신이 스스로 구도의 과정에서 기독교 복음을 접하였기 때문이었던 것으로 보인다.

한석진 목사는 선교사들에 맞서서 시비와 오해를 들어가면서까지 믿음의 자주성과 기독교의 토착화를 날카롭게 내세우고 주장하였다.[19] 그는 한국인으로서 자주성 없는 신앙은 외국인 선교사에게 노예 노릇을 자청하는 것밖에 안 된다는 사실을 분명히 인식하고 있던 토착 지도자였다.[20] 한석진 목사가 생각하는 민족 교

---

17) 蔡弼近 編,《韓國基督敎開拓者 韓錫晋 牧師와 그 時代》, pp. 136-137에서 재인용.
18) 蔡弼近 編,《韓國基督敎開拓者 韓錫晋 牧師와 그 時代》, p. 231.
19) 1900년대 초에 선교사들 사이에 한석진을 가리켜 '저 사람은 선교사를 배척하는 사람이니 주의하라'는 말이 빈번하게 오고 갔다고 한다. 蔡弼近 編,《韓國基督敎開拓者 韓錫晋 牧師와 그 時代》, p. 142. 실제로 1900년 1월 25일자 마펫의 선교보고서에 따르면, 그가 1899년 선교사 연례회의차 서울에 있을 때, 서울의 몇몇 기독교인(한국인)들이 선교사들과 상관없이 독립 총회를 조직하자는 내용의 편지를 모든 지방 교회들에게 발송했다는 내용이 들어 있다. 이 일이 한석진과 관련된 것인지 확인되지 않으나, 이미 이때 한국 기독교인들에게 선교사들로부터의 독립은 중요한 이슈였던 것으로 보인다. 참고, "마펫이 엘린우드에게 보낸 1900년 1월 25일자 보고서," 김인수 역,《마포삼열 목사의 선교편지(1890-1904)》, p. 585.

회는 처음부터 자주하는 교회였다. 그렇기 때문에 그는 처음부터 외국 선교사들을 자신의 목숨을 걸고 도왔지만, 그들의 의견을 무조건 따르려 하지는 않았다.

그렇게 한 까닭은 선교사들이나 그들의 선교 사업들을 반대해서가 아니라, 한국 선교의 방침과 방향을 정하는 문제에 있어서 한국교회가 자주하는 교회가 되어야 한다고 생각했기 때문이었다. 한석진 목사는 "잘못된 겸양관(謙讓觀)을 배격하고 그리스도의 복음으로 새로 난 신자로서 가져야 할 솔직, 진실, 용기, 자존심, 독립심, 인내력과 주체성의 새 생활표준을 실천으로 보여주었다."[21]

한석진 목사는 그와 같은 한국교회를 위한 자신의 주체성을 그가 노회나 총회의 임원이 되었을 때 구체적으로 실천했다. 그가 첫 독립노회 서기로서 기록한 노회록 서문은 독립된 한국교회를 향한 그의 감격이 여실히 드러나 있는 명문으로 평가된다. 그는 또 1912년에 조직한 대한예수교장로회 총회의 첫 서기였는데, 이 때 대한예수교장로회의 신경을 정하는 역사적 결정에 참여하고 교회의 신앙표준을 정립했다. 그리고 대한예수교장로회의 정치제도를 수립함에 있어서 한국인 지도자들이나 외국 선교사들과 협력하여 장로교회의 정치제도를 우리 문화 환경에 알맞게 제정하였다.[22]

한석진 목사는, 한국교회를 통해 한국 국민들이 자치 능력을 길러 국제사회에 우뚝 섬으로써 세계 종교문화의 큰 조류에 같이 참

---

20) 蔡弼近 編,《韓國基督教開拓者 韓錫晋 牧師와 그 時代》, 142쪽.
21) 백낙준,《韓國教會의 開拓者 韓牧師》, p. 17쪽.
22) 앞의 책, p. 16쪽.

여하게 되기를 바랐다. 그러기 위해서는 한국교회가 자진전도[自傳], 자력운영[自立], 자주치리[自治]의 세 가지 조건을 구비한 독립교회가 되어야 했다. 한석진 목사는 이 세 가지 조건을 적극 추진하였다. 한국교회사가인 백낙준은 그는 "선교사들이 전도하여 주기를 기다리지 아니하였고, 자기의 신앙의 확증대로 전도하여 교인을 얻었고, 예배당 건축과 교회직원들의 봉급도 선교사들에게 의뢰하지 아니하였고, 교회의 모든 사업도 자력으로 운영하시었다. 그는 자주적 전통을 세웠다"[23]고 했다. 그리고 그를 "우리나라 초대교회의 터전을 다지고 기초를 쌓아 올린 개척자의 한 사람"[24]이라고 평가하였다. 여기에서 우리는 선교과정에서 토착 기독교인들의 자주적 지도력이 건강한 교회 형성에 매우 중요하다는 사실도 확인할 수 있다.

(5) 에큐메니컬 지도력

한국교회 안에 에큐메니컬 운동의 한 일환으로서 '하나 된 개신교회'를 형성하려는 시도는 이미 1905년 장·감 선교부가 '한국복음주의선교회연합공의회'를 결성하면서부터 시작되었다. 그러나 장로교와 감리교 사이의 교리적 측면보다는 정치적 차원에서 1910년에 이르러 사실상 와해되고 말았다.[25] 그러나 바로 그 시기 한석진 목사는 일본에 있는 동경 유학생들을 대상으로 한 첫

---

23) 위의 책, pp. 16-17쪽.
24) 위의 책, p. 16쪽.
25) 한국기독교역사연구소, 《한국 기독교의 역사 I》(서울: 기독교문사, 1989), p. 211.

'하나의 개신교회' 설립을 주도하여 성공시키고 돌아왔다. 그가 장로교 독노회에서 짧은 3개월간의 첫 일본 선교사로서 파송받아 있는 동안(1909. 10-12) 장로교인들과 감리교인들이 섞여 있는 동경 유학생들을 규합하여 동경 한인 YMCA뿐만 아니라, 첫 동경한인교회를 세우고 돌아온 것이다.

한석진 목사의 에큐메니컬 지도력은 안동교회 재임 시 1915년 9월의 경충노회에 "조선장로교회 명칭을 조선기독교회라 변경"하자고 헌의한 것에서도 드러난다. 이는 '하나 된 개신교회'에 대한 꿈이 그에게는 계속되고 있다는 뜻이었다. 실제로 그가 제6대 총회장으로 재임하던 시절인 1917년, 1905년에 장감 선교사들 사이에 시도되었던 '하나 된 개신교회' 설립 운동이 이제는 한국인 목사와 평신도들을 포함한 '조선예수교장감연합협의회' 창설로 바뀌었는데 그가 주도했던 것이다.

일 년 후인 1918년 3월 26일에 드디어 역사적인 협의회가 창설되었을 때 한석진은 '교회 세력의 연합문제'라는 주제로 강연을 하였다. 이후 이 장감연합회는 1924년에 이르러 '조선예수교연합공의회'로 확대 개편되어 보다 효율적이고 강력한 한국 기독교의 대의기구로 변신하게 되는데, 이때도 한석진은 활발한 활동을 하였고, 1925년에는 부회장으로, 1926년에는 회장으로 피선된다.[26]

한석진 목사의 에큐메니컬 지도력은 한국교회를 위한 그의 마지막 봉사라 할 수 있는 '금강산 기독교수양관' 건축에서도 발휘

---

26) 이덕주, 《한국기독교인물탐구2, 한국기독교 선구자 한석진 목사의 생애와 사상, 나라의 독립 교회의 독립》(서울: 기독교문사, 1988), pp. 198-199.

되었다. 이 수양관은 장로교 총회의 결정과 주관 아래 모금되었고 건축되었다. 따라서 그 수양관의 공식 명칭은 당연히 '장로교 수양관'이 될 것이었다. 그러나 한석진 목사는 이 수양관이 장로교회뿐 아니라 우리 교회로서 주께 영광 돌릴 만한 일에는 교파와 교단을 불문하고 사용할 수 있어야 한다며 초교파적인, 명실공히 한국 기독교의 것으로 만들어야 한다고 주장하였고, 결국 그의 희생과 헌신의 결과로 이루어진 수양관이어서 한석진의 뜻이 받아들여졌다.[27]

(6) 민족의 방향성에 대한 진지한 고민이 있는 지도력

한국교회에 개혁적인 지도력을 불어넣었던 한석진 목사는 민족의 장래에 대한 고민에 있어서도 그 개혁성은 유감없이 발휘되었다. 그가 아직 평양 선교부 소속의 조사로서 소우물교회를 설립하고 복음전도에 전념하던 시절(1898년), 1896년부터 서재필을 비롯한 개화파 세력들에 의해 주도되던 독립협회 활동에 참여한 것이다. 그는 독립협회 관서지부의 회원으로서 평양지회 조직의 책임자였고, 1898년 9월에 독립협회 관서지회 회관을 평양에 설립하는 일을 추진하고, 평양 쾌재정에서 열린 만민공동회를 주최하기도 했다.[28]

1919년 3·1운동 당시 한석진 목사는 마산교회를 담임하던 중

---

27) 한석진, "금강산의 수양관,"《기독신보》, 1930.10.22일자, p. 3. 이덕주,《나라의 독립 교회의 독립》, pp. 251-252에서 재인용.

이었다. 3월 3일부터 시작된 만세운동의 주동자들은 거의 대부분이 마산교회 장로이며 교인들이었다. 이 일로 장로를 비롯한 많은 교인들이 투옥되어 교회가 썰렁해지기까지 하였다고 한다. 이 만세운동에 한석진이 적극 가담한 흔적은 없는데, 이는 그가 당시 1917년 10월에 사별한 부인에 대한 슬픔과 건강 악화 등으로 적극 참여하지 못했을 것으로 추정된다. 한석진 목사는 만세운동이 있은 후인 4월에 마산교회를 사임하고, 신앙의 후계자인 박정찬 목사(서울 남대문교회 시무 중)를 마산교회에 부임하게 하여 그가 미처 끝맺음하지 못한 일들(예배당 건축 등)을 마무리하도록 한다.[29]

4. 결론을 대신하여: 일본에서 보여준 한석진 목사의 종합적 목회 지도력[30]

한석진 목사(1868-1939년)는 한국 교회가 파송한 첫 일본 선교사이다. 그러나 그가 일본에서 선교사로서 활동한 기간을 볼 때 그를 정식 선교사로 보기에는 어려움이 있다. 왜냐하면 장로교 독노회는 그에게 처음부터 일본 선교사로서의 활동기간을 단 1개월로

---

[28] 평양선교부의 마펫은 이 당시의 상황을 미국 북장로교총회에 보고하는데, 그 내용은, 수많은 기독교인들이 가입해 있는 독립협회와 관련된 정치적 소요로 인해 평양 신자들 중 일부가 얼마간 박해를 받게 되었고, 게다가 정부에서는 강력한 조치를 취하여 수구파들의 시대로 환원할 기미가 보이고 있다는 것이었다. "마펫의 선교보고서 1899. 1. 18일자," 김인수 역, 《마포삼열 목사의 선교편지(1890-1904)》, pp. 515.
[29] 참고, 이덕주, 《나라의 독립 교회의 독립》, pp. 200-205.
[30] 졸고, "한석진 목사와 일본 선교-토착 교회의 민족 주체성이 선교에 미치는 영향을 중심으로," pp. 133-138에서 정리.

제한해 파송했고, 다만 일본 현지 사정이 여의치 않아 기간이 2개월 연장되어 총 3개월을 머물렀을 뿐이다. 어쩌면 그는 선교사로서보다는 어떤 특별한 임무를 수행하기 위해 잠시 일본에 파견된 것에 지나지 않을 수도 있다. 그럼에도 불구하고 그가 일본에 선교사로 파송된 것임에는 틀림없다.

1909년 9월, 평양장로회신학교에서 개최한 제3회 대한예수교장로회 독노회는 한석진 목사에 대한 중요한 두 가지 결정을 내렸다. 첫째는 앞으로 발행할 장로교를 대표하는 신문[31]의 발행 책임을 맡긴다는 것과, 둘째는 신문 발행 일을 수행하기에 앞서 일본 동경에 가서 한 달간 한국 유학생들을 돌보고 오라는 것이었다.[32] 이 두 가지 일은 당시 한국장로교 독노회로서는 매우 시급한 과제였는데, 그 과제가 모두 한석진 목사에게 부과된 것이다.

이때 독노회는 최관흘 목사도 시베리아 선교사로 파송했다. 그러나 최관흘 목사와 한석진 목사의 파송은 서로 달랐다. 최관흘 목사의 경우 선교사 파송에 기간을 제한하지 않은 반면, 한석진 목사의 경우에는 단 한 달간의 체류로 제한했기 때문이다. 그러므로 독노회는 한석진 목사에게 특수한 임무를 부여했고, 한석진 목사는 그 임무에 가장 적합한 한국교회 인사였던 셈이다.

그렇다면 한석진 목사가 단 한 달 머무르면서 돌보아야 했던 일본의 한국 유학생들은 누구였는지 그 역사성을 살펴보자. 일본에 한국의 유학생들이 생기게 된 역사는 1876년 한국과 일본 사이에

---

31) 후에 이 장로교 기관지는 그 이름을 〈예수교회보〉로 정했다.
32) 《예수교쟝로회대한로회뎨삼회회의록》, 1909, pp. 23-24.

맺어진 '한일수호조약' 체결까지 거슬러 올라간다. 이 조약이 체결된 이후 한국 조정에서는 수신사를 파견하여 일본의 앞선 문물제도를 시찰하게 하였다.

이 수신사들 가운데서 1880년에 첫 한국인 유학생들이 생겨났는데, 그들이 유길준, 유정수, 윤치호이다. 이를 계기로 한국 사회에 개화파가 성장하게 되었고, 1883년에 이르러 대표적인 개화파 인물인 김옥균은 30여 명의 유학생들을 인솔하여 일본에 와서 유학시킴으로써 한국 청년들의 일본 유학은 점점 그 수효가 많아지게 되었다.[33] 일본에서 '자생적 신앙공동체'를 이룬 이수정 역시 이들 틈에 끼어 일본에 유학생으로 간 경우이다.

이수정은 단순한 유학생을 넘어 한국 개신교 초기 역사의 중요한 일들을 스스로 일본에서 해냈다. 그러나 그가 1886년 5월에 갑작스럽게 귀국하게 되면서 일본의 '자생적 신앙공동체' 활동은 중단되고 그 흔적도 오래지 않아 사라지고 말았다.[34] 그러다가 1894년 갑오개혁 이후 다시 일본 유학생이 증가하기 시작했고, 국비 장학생들의 일본 유학도 늘어났다. 한석진 목사의 맏아들 민제(民濟) 역시 이 무렵에 일본에서 유학을 하였다.[35]

이때 동경에 있는 한국 유학생의 수는 수백 명에 달했고, 그들의 나이는 20세 전후의 젊은 청년들이었다. 또한 일제의 국권침탈

---

[33] 채필근 편,《韓國基督敎開拓者 韓錫晋 牧師와 그 時代》(서울: 대한기독교서회, 1971), p. 157.
[34] 이덕주,《한국기독교인물탐구2, 한국기독교 선구자 한석진 목사의 생애와 사상, 나라의 독립 교회의 독립》(서울: 기독교문사, 1988), p. 147.
[35] 이덕주,《한국기독교 선구자 한석진 목사의 생애와 사상》, p. 147.

전이었기 때문에 한국 정부에서 보낸 유학생도 80여 명이나 되었다. 대개 유학생들은 각각 하숙생활을 하면서 서로 모임을 갖고 사귀었으며, 일본인과의 교제는 거의 없었다. 그러다보니 유학생 중에서 기독교인들은 일본인 교회에 나가기를 꺼려하였고, 그들을 중심으로 교회 창립의 필요성이 강하게 제기되기 시작한 것이다.36) 이런 분위기는 이수정이 귀국한 이후에 와해되었던 일본 유학생 중심의 '자생적 신앙공동체'의 부활을 뜻한다.

독노회는 한석진 목사를 적임자로 보고 그를 파송하기로 결정하였다. 한석진은 동경에 있는 한국 YMCA의 중심인물들인 김정식, 백남훈, 조만식, 정익로 등과 이미 잘 알고 있었다. 더구나 유학생을 지도하려면 신앙뿐 아니라 일반 학식에 있어서도 어느 정도 실력을 갖추고 있어야 했다. 모든 면에서 한석진 목사가 적임자였다.

그러나 독노회는 이미 한석진 목사에게 한국 장로교의 중요한 현안을 해결할 책임을 부여해 놓고 있었다. 그것은 교회신문을 창간하는 일이었다. 제3회 독노회는 그에게 이 책임을 부여할 계획이었다. 그러나 동경 유학생 중심의 '자생적 신앙공동체'의 요청도 결코 소홀히 다룰 성격의 것이 아니었다. 한석진 목사의 일대기를 기록한 그의 후학들은 당시 독노회의 고민을 이렇게 전하고 있다.

---

36) 한석희, 이이누마지로 엮음, 김수진 역《한국기독교인물탐구4, 한국교회를 위해 헌신한 일본인 전도자 오다나라치 (한국명 전영복(田永福))의 자전적 기록, 한국을 사랑한 일본인 전도자》(서울: 기독교문사, 1990), p 145.

"일본은 명치유신 이래 서구문화를 전적으로 받아들여서 크게 발전되었고 그 실력을 뒷받침으로 우리나라를 강점하려는 야욕이 노골화되어 보호조약을 구실로 내정간섭에서 전적 병탄(並吞)으로 급진전되어 가는 때이었으므로 동경 유학생의 위치가 미묘한데다가 적어도 일본의 수도에 가서 앞을 굽히지 않는 지도자가 되려면 그 인격에 있어서나 지식에 있어서나 탁월한 인물이 아니어서는 아니 되겠으므로 독노회는 신문사의 사장의 중임을 맡은 한 목사를 일시나마 동경에 보내기로 결정하였다."[37]

이 글에서 독노회가 첫 일본 선교사에게 요구했던 네 가지 조건을 추론해 볼 수 있다. 첫째, 이미 서구화된 일본의 문화를 상대할 수 있을 정도로 개화된 인물이어야 한다. 둘째, 그러면서도 일본의 한국 침략 야욕으로부터 유학생들을 보호할 수 있는 민족의식이 강한 인물이어야 한다. 셋째, 한국보다 먼저 기독교를 받아들인 일본의 수도에서 활동하려면 인격이 탁월한 인물이어야 한다. 넷째, 앞선 문명을 배우러 온 유학생들이니만큼 그 지식에 있어서도 탁월한 인물이어야 한다.

결국 독노회는 한석진 목사에게 예정대로 교회신문 창간 일을 맡기면서도, 우선 잠시 1개월간 일본에 가서 유학생 중심의 '자생적 신앙공동체'를 교회 중심으로 완전히 회복시켜 놓고 돌아오는 임무를 부여한 것이다. 이미 1880년대에 이수정이 민족을 위해 형성해 놓았던 '자생적 신앙공동체'를 거의 한 세대가 지나고 민족

---

[37] 채필근 편, 《韓國基督敎開拓者 韓錫晉 牧師와 그 時代》, p. 160.

의 주권이 완전히 무너지려는 시기에, 어찌 보면 적국(敵國)의 심장부인 일본의 동경에서, 민족적인 '자생적 신앙공동체'를 다시 회복시키는 중요한 임무를 한석진 목사가 맡은 것이다.

여기에서 중요한 점은 한석진 목사 역시 만주에서 형성된, 백홍준, 서상륜 등의 의주 청년 중심의 초기 '자생적 신앙공동체'의 일원이었다는 점이다. 그런 그가 이제 일본에서 형성된 '자생적 신앙공동체'를 회복하는 일에 적임자로 파송되었다는 것은 한국 교회사적으로 의미가 매우 크다.

한석진 목사를 통해 초기 한국 기독교의 '원형'의 두 흐름이, 즉 만주의 '자생적 신앙공동체'와 일본의 '자생적 신앙공동체'가 역사적으로 만난다. 특히 한때 와해되었던 일본의 '자생적 신앙공동체'가 회복되어 '교회'로 발전했다는 것은 매우 중요한 사건이다. 여기에 한석진 목사가 한국교회에서 첫 번째 일본 선교사로 파송된 교회사적 의미가 있다.

한석진 목사는 1909년 9월의 독노회를 마치자마자 여장을 준비하여 10월에 동경에 도착하였다. 그는 동경에서 가까운 간다(神田)라는 지역에 별도의 가옥을 세내어 한국 YMCA 사무실 겸 예배당으로 사용하게 하였는데, 이렇게 함으로써 그동안 일본 동경 YMCA에 더부살이하고 있던 유학생의 '자생적 신앙공동체'를 독립시킨 것이다. 그러나 교회를 창설하는 일이 그렇게 쉽지만은 않았다. 그래서 한석진 목사는, 독노회가 본래 1개월로 자신의 일본 활동기간을 제한했지만, 3개월을 동경에 머물며 교회의 기초와 틀을 잡아 놓은 후 귀국하였다.[38]

이수정이 1883년 일본에서 세례를 받고 형성시킨 유학생 중심의 '자생적 신앙공동체'는, 그로부터 실로 거의 한 세대라 할 수 있는 26년이 지난 후에 의주 청년 중심의 '자생적 신앙공동체'의 일원이었던 한석진 목사에 의해 '동경 한인교회'로 거듭나게 된 것이다.

---

38) 이덕주,《한국기독교 선구자 한석진 목사의 생애와 사상》 p. 150.

장로교 최초 목사 7인 리더십

유경재 목사(안동교회 원로목사)

9. 논찬 · 종평

이기풍, 길선주, 한석진 목사의 목회 리더십의 특징과 오늘의 교회

들어가는 말

오늘날 한국교회 목사들의 리더십이 지나치게 개교회주의에 머물고 있으며, 교회 성장에 경도되어 있어서 사회로부터 지탄의 대상이 되었고, 많은 교인들이 교회를 떠나거나 올바른 교회를 찾아 정착하지 못하고 떠돌고 있다. 교인수의 감소는 단순히 전도를 열심히 하지 않았기 때문이 아니라 한국 개신교가 전체적으로 신뢰를 상실하였기 때문이라 하겠다.

여기에는 여러 가지 원인이 있겠으나 일차적인 책임은 목사에게 있다. 분명한 신학과 성경을 토대로 한 확고한 신념을 가지고 목회 리더십을 구축하여 교회를 이끌고 하나님의 나라를 향하여 나아가야 할 목사들이 오로지 교회 성장에 집착하여 목회한 나머지 교회는 대형화되었으나 영성을 상실하였고, 교회 분쟁은 끊임없이 이어지고, 목회자들의 불미스러운 행태들이 계속 터져나와 교회를 곤혹스럽게 만들고 있다.

그런가 하면 하루가 다르게 변하는 사회 속의 크고 작은 문제들이 교회의 방향 설정과 비판의식을 요청하지만, 역사 의식을 갖지 못한 교회는 시대의 요구에 부응하지 못하고 수수방관할 뿐이다. 이런저런 요인들이 작용하여 한국교회는 성장이 둔화되었고 교회의 권위는 추락하였다. 이러한 때에 한국 장로교 최초로 안수받은 7인의 목사 가운데 이기풍, 한석진, 길선주 세 목사의 목회 리더십을 다시 한 번 돌이켜 봄은 의미 있는 일이 아닐 수 없다. 앞서 발표한 세 목사의 목회 리더십을 보면서 공통적인 특징 세 가지를 중심으로 논하고자 한다.

1. 통전성

세 목사들의 목회 리더십의 첫 번째 특징은 통전성(通全性)이다. 이분들은 지교회를 담임한 목사였지만, 지도력은 한 교회에 국한되지 않고 장로교단 전체에 미쳤다. 이는 통전적인 지도력이라고 할 수 있으며, 세 분 모두 총회장 또는 총회부회장의 직책을 감당했음이 이를 증명한다. 물론 처음으로 배출된 목사였기에 이들이 감당해야 할 사명은 한 교회 목회에 국한될 수 없었고, 교단 전반의 성장과 관리를 위해 선교사들과 더불어 해야 할 일들이 많았을 것이다. 이런 점이 오늘의 교회 상황과는 다르다 할지라도 이분들의 통전적인 지도력은 매우 뛰어났다고 할 수 있다.

이기풍 목사의 경우 목사로 안수받자마자 제주도 선교사로 자임하여 나갔다. 동기 목사들은 출생지역 혹은 연고가 있는 지역의 담임목사 혹은 전도목사로 파송받았다. 그런데 그만 홀로 제주도 선교사로 자원하여 나갔다는 것은, 진취적이며 도전적인 그의 성격에서 기인할 뿐 아니라 지역적으로 소외된 제주도에도 복음이 전파되어야 한다는 그의 통찰력 때문이라고 볼 수 있다.

이기풍 목사가 제주도 선교사를 사임한 후에도 복음이 활발하게 전파되고 있는 서북지역으로 그의 목회지를 택하지 않고 상대적으로 복음이 활발하지 못한 호남지역을 택했다는 것도 전체를 보면서 균형을 생각한 그의 통전적 지도력을 보여주는 좋은 예이다. 자기중심적인 사고를 가진 지도자는 올바른 리더십을 발휘할 수 없다. 그렇게 볼 때 이기풍 목사는 자기와 자기 가족까지 희생하면서 하나님의 나라와 교회를 위해 헌신한 훌륭한 지도자였다고 할 수 있다. 그의 목회 리더십은 전체 교회를 생각하는 통전성을 지닌 리더십이었다.

한석진 목사는 〈예수교회보〉 사장으로 있으면서 "합일론"(合一論)이라는 사설을 게재하였는데, 이는 그의 사상을 간명하게 보여주는 글이라 하겠다. '신과 인간 사이의 합일'이 '인간과 인간 사이의 합일'의 전제 조건이 되며, 그것이 기독교가 추구해야 할 원칙이자 사명이라고 보았다. 이 같은 합일의 사상은 이후 그의 목회 생활 전체를 지배하였다.[1]

---

1) 이덕주, 《한국기독교인물탐구2, 한국기독교 선구자 한석진 목사의 생애와 사상, 나라의 독립 교회의 독립》(서울: 기독교문사, 1988), pp. 157-158.

지금 와서 보아도 그의 합일론은 놀랍기만 하다. 인간이 모든 차별을 넘어 하나 되고, 더 나아가 하나님과 하나 되는 것이 바로 하나님 나라라는 사실을 오늘날에도 제대로 알지 못하는 기독교인들이 많이 있다. 그런데 한국교회의 초창기에 이런 신학사상을 가진 지도자가 있었다는 사실은 놀라운 일이다.

한석진은 〈예수교회보〉 사장을 지낼 때 한국교회와 교단을 조망할 수 있는 자리에서 시야가 더욱 넓어졌으며 사상은 더욱 깊어졌다. 정성한 목사가 '한석진 목사의 에큐메니컬 지도력'에서 말한 부분을 보면, 한 목사가 여러 가지로 교회의 일치와 연합을 위해 노력했음을 볼 수 있다.

경충노회에 "조선장로교회 명칭을 조선기독교회라 변경"하자고 헌의한 일이나, 총회장 재임 시 '조선예수교장감연합협의회'를 창설하여 '조선예수교연합공의회'로 확대 개편한 후 회장으로 활동한 일, 그리고 그의 마지막 봉사로 '금강산 기독교수양관'의 건축을 주도하고 그 이름을 '장로교수양관'이 아닌 '기독교수양관'으로 한 것도 그의 에큐메니컬 정신을 잘 드러낸 사건이다. 그의 이런 활동은 그가 하나 됨의 신학을 끝까지 견지하며 실천하였음을 뜻한다. 그리고 이것으로 그가 항상 폭넓게 한국교회를 바라보면서 하나님 나라를 지향했음을 알 수 있다.

길선주 목사의 목회 리더십은 부흥회를 통하여 잘 나타났다. 그의 부흥에 대한 열정은 신학교 재학 시절부터 계속되었다. 1907년 1월 평양 장대현교회에서 시작된 부흥회는 여러 곳에서 이어졌고 곧 백만명구령운동으로 발전되었다. 이 운동은 길선주 목사가 1908년 압록강 연안 순회집회를 마치고 평양으로 돌아오면서 구체화되었다. 그러다 1910년 제4회 노회에서 그가 부회장에 당선되고 전도국장을 겸임하면서 정식으로 이 문제를 제안하여 백만명구령운동위원회를 설치하고 전도대를 전국에 파송하면서 본격적으로 시작되었다. 이 운동의 결과 교인수가 급격히 늘어나, 1907년 3만 7천여 명에서 1911년에는 14만 4천여 명으로 4배 이상 증가되었다.

그는 3·1운동 사건으로 구속되었다가 풀려난 후 1922년부터 북간도를 비롯하여 전국을 순회하면서 부흥집회를 인도하였다. 그의 부흥회 행적은 35년간 설교 2만여 회, 청강자 연 380만여 명, 교회 설립 60여 곳이며, 리수(里數)로는 연 6천 리, 총 20만 리에 이르며, 그에게서 세례받은 사람이 3천 명 이상이고, 개종자가 7만명에 이른다. 그는 전국 교회를 돌면서 부흥회를 통하여 한국교회를 크게 부흥시켰다. 이런 면에서 볼 때 그의 목회 리더십도 한국교회를 아우르는 통전성을 지녔다고 하겠다.

사실상 이기풍, 한석진, 길선주 목사는 개교회를 담임하기도 했지만, 결국 한국교회 전체를 목회하고 이끌며 초기 한국교회의 기초를 다져놓았다고 할 수 있다. 오늘날의 목회자들은 교권 정치를 하는 몇몇 사람들을 제외하면 교단과 한국교회, 더 나아가 세계교회와의 연대 등에 관심을 갖고 폭넓게 목회를 하는 목사를 찾아보기 어렵다.

개교회 당회는 대체로 담임목사가 담임한 교회 일에만 전념하며 교회 성장에만 집중한다. 결국 목사 자신도, 또 교회 당회도 개교회주의에 몰입하여 하나님의 교회 전체를 바라보지 못하며, 교회가 하나 되어 하나님 나라를 이 세계와 역사 속에 이루어가야 한다는 신학이나 비전이 전혀 없다. 초대 목사들이 가졌던 폭넓은 통전성을 오늘의 목사들의 리더십에서 찾아보기가 힘들다.

이런 통전성의 결여는 여러 가지 부작용을 몰아오고 있다. 우선 한국교회는 분열에 분열을 거듭하여 수많은 교단으로 나뉘었고, 따라서 교회 간의 연합이나 일치운동에 대단히 소극적인 태도를 취하고 있다. 오랜 역사를 가진 한국기독교교회협의회가 활성화되지 못하고 현재 가입한 교단들조차 협의와 연합에 소극적이어서 우리 사회에서 발생하는 수많은 문제들에 적절하게 대응하지 못하고 있다.

또한 한국교회는 세계교회의 에큐메니컬 운동에 대해 전혀 관심이 없으며, 따라서 에큐메니컬 리더십을 가진 일꾼을 배출하지 못하고 세계교회 에큐메니컬 운동에 기여하지 못하고 있다. 뿐만 아니라 목회자들이 자기 교회 성장에만 몰두하다 보니 하나님의 나라를 지향하는 목표를 상실하고 역사의식 없는 설교만 되풀이 할 뿐이다. 한국교회가 지극히 보수적인 성향을 갖는 것은 하나님의 역사를 넓게 조망하지 못하며 세계와 역사 속에 나타나는 하나님의 뜻을 전혀 간파하지 못하기 때문이라 하겠다.

한국교회가 개혁되려면 개교회 목회만을 위한 신학이 아니라 하나님 나라를 지향하는 신학이 활성화되어야 할 것이다. 동시에 대형화된 교회들이 이제는 교회 일치와 연합에 관심을 기울여야 할 것이며, 세계교회와의 연대를 회복하고 에큐메니컬 운동에 적극적으로 참여해야 할 것이다.

2. 개혁성, 진취성

초대 목사들의 리더십의 두 번째 특성은 개혁성과 진취성이다. 이기풍, 한석진, 길선주 목사는 장로교 첫 번째 목사가 되었다는 점에서 이들 앞에 주어진 과제들이 산적해 있었고, 그런 과제들은 개혁적인 지도력을 요구하였다. 이들은 한 교회에 정착하여 오래 목회하기보다는 그들을 필요로 하는 곳이면 어디든 달려가서 개척자로서의 역할을 충실하게 감당하였다.

이기풍 목사의 경우 목사로 안수받자마자 제주도 선교사로 파송받았는데, 그는 주저하지 않고 제주도로 향하였다. 인천항을 출발하여 목포를 경유한 그는 심한 풍랑을 만났다. 이기풍 목사는 하는 수 없이 가족들을 목포에 내려놓고 천신만고 끝에 제주도에 도착하였다. 이기풍 목사가 제주도에 발을 내딛었을 당시에는 주민들의 기독교에 대한 인식이 매우 좋지 않을 때였다.

1901년 5월에 일어난 이른바 제주도 신축교난(辛丑敎難) 때문이었다. 제주도 대정군(大靜郡)에서 천주교를 이용하여 잡세를 수탈했다는 이유로 민란이 일어나 가톨릭교도 700여 명의 사상자를 냈었다. 이 문제는 제주도에 천주교를 전파하려던 프랑스와의 외교 문제로까지 비화됐었다.

이런 사건이 있던 뒤라 제주도 주민들이 가지고 있던 기독교에 대한 편견은 가혹하리만큼 심했다. 이기풍 목사는 주민들로부터 수차례에 걸쳐 위협을 당했다. 그런가 하면 굶주림과 병마에 죽을 고비를 몇 번이나 넘겨야 했다. 그런 어둠의 땅에서도 이기풍 목사는 결코 좌절하지 않고 복음 전파에 안간힘을 다했다. 그 후 얼마가 지나서 총회의 파견에 따라 김흥련과 이관선이라는 전도인이 제주도에 오자 선교 활동은 본격화되기 시작하였다. 이들은 제주도 주민들에게 온갖 박해와 방해를 받았지만 성내를 비롯하여 삼양, 내도, 모슬포, 중문 등 무려 열다섯 군데에 교회를 세웠다.

1918년, 이기풍 목사는 전라노회의 부름에 따라 광주 북문안교회 초대 목사로 전임되었다. 이곳에서 그는 초창기 교회 발전에 전심전력을 다했다. 한편 그는 1920년 전라노회장 및 총회 부총회장에, 1921년 제10대 총회장을 역임했다. 막중한 책임과 왕성한 활동 중에 그는 신병으로 고생하게 되었다. 성대가 막혀서 말이 잘 나오지 않는가 하면 관절염, 귓병 등으로 심한 고생을 하게 되었다. 그래서 목회직을 사임하고 서울로 올라와 요양하기도 했다.

1923년 그는 다시 전남 순천중앙교회 목사로 청빙을 받아 부임했고, 1924년 고흥교회로 전임되었으며, 1927년 다시 제주도 성내교회 위임목사로 청빙되어 재차 부임하였다. 1931년에는 전남 벌교읍교회로 파송되었고, 1938년에는 칠순의 노구를 이끌고 아무도 가고 싶어하지 않는 도서벽지 여수군 남면 우학리라는 작은 섬으로 복음을 전파하러 들어갔다. 이외에도 이기풍은 돌산 등 도서지방으로 순회 전도하면서 교회 개척에 필사의 노력을 기울였다.

이런 그의 이력은 그가 최초의 목사로서 개척자의 사명을 가지고 열악한 선교지역인 제주도와 호남을 오가며 목회하고 전도하는 데 그의 일생을 바쳤음을 알려준다.

한석진 목사는 최초의 목사 7인 가운데 가장 앞서 나가는 개혁적 리더십을 가진 목사였다. 우선 졸업사진을 보면 다른 사람들은 다 갓을 쓰고 있는 데 반해 그는 유일하게 머리를 깎았다. 단발령은 일찍이 시행되다가 격렬한 반대에 부딪쳐 실효가 없는 법령이 되어 버렸지만 한석진은 머리를 깎았다.

그가 안동교회에 부임하여 제일 먼저 한 일은 남녀석을 구별하던 휘장을 철거하는 일이었다. 이 휘장의 철폐 문제는 1913년 9월 7일에 개회된 예수교장로회 제2회 조선총회에 헌의되었으나 조심스럽게 개교회 형편에 따라 하도록 결의하였다. 안동교회는 이미 그 이전에 휘장을 철폐하였다. 또 1932년 제1차 헌법개정 시 여집사제도의 신설을 주장하여 마침내 관철시켰다.

안동교회는 비록 양반들이 많이 모이기는 했지만 고루하게 옛 전통을 지키려 하기보다는 오히려 개혁하려는 의지로 충만해 있었다. 한 목사의 개혁적인 목회가 받아들여질 수 있었던 것은 유성준이나 박승봉 장로가 개화된 인사들이었기 때문이다. 이들이 적극적으로 한 목사의 목회를 뒷받침하였기 때문에 안동교회는 당시로서는 대단한 혁명을 일으킨 교회라고 할 수 있다.

그런 면모를 잘 보여준 사건이 가난한 집 초상에 한 목사와 지체 높은 양반이었던 박승봉 장로가 친히 장례를 치른 일인데, 이는 북촌 일대에 사는 양반들 사이에서 큰 화제가 되었다. 휘장 철폐가 남녀 간의 차별을 극복하는 노력이었다면, 장례 사건은 계층 간의 차별을 넘어선 그리스도의 사랑의 실천이었다.

한석진 목사가 안동교회당을 건축한 일도 과단성을 보여주는 좋은 예라 하겠다. 새 교회당이 완공된 것이 1912년 여름인데, 1909년에 개척된 교회가 3년 만에 600명을 수용할 수 있는 벽돌 예배당을 건축하였다. 1914년 교세 통계를 보면 당시 교인이 214

명이었다.

　당시는 벽돌로 건축할 수 있는 시공자가 중국인밖에 없었을 때인데, 벽돌 2층 건물을 완공하고 곧이어 역시 벽돌 2층의 사택을 건축하였다는 것은 보통 사람으로는 생각할 수 없는 일이었다. 교인들이 낸 건축헌금은 얼마 되지 않았고, 나중에 을사조약 당시 외무대신이었던 박제순에게서 거액의 헌금을 받아 예배당 건축의 빚을 청산할 수 있었다. 그 외에도 신의주교회도 신축하여 헌당하였다.

　한석진은 마지막 사명으로 금강산 기독교수양관을 건축하는 일을 맡았는데, 아무것도 없는 상태에서 출발하여 1930년 11월에 완공을 하였다. 모금과 건축 모두를 한 목사가 책임지고 이루어낸 것이다. 총독부로부터 8천 평의 대지를 10년간 임대받는 일부터 시작하여 모금하고 건축하는 일을 환갑 넘은 나이에 이루어 놓았다. 지금 생각해 보아도 아무나 할 수 있는 일이 아니라는 생각이 든다. 그만큼 한 목사의 실천적 능력은 대단한 것이었다.

　한석진의 진보적인 사고는 교회 안에서 금주, 금연을 시행함에도 담배를 피우고 포도주를 공공연하게 마시는 일에도 전혀 개의치 않았다. 그는 교회 규칙을 이것저것 정하는 것을 원치 않았고, 그것을 별로 중히 여기지 않았다. 자기 양심에 거리낌이 없다고 생각했을 때 제도나 의식이나 계율에 매이지 않았고, 그래서 그는 흡연이나 음주를 굳이 감추려 하지 않았다.

　초대 목사들의 개척자적 리더십, 진취적이며 개혁적인 리더십은 초대 한국 장로교를 급속하게 성장시키는 동력이 되었다. 뿐만 아니라 한국 장로교를 교조(教條)에 얽매이는 교회가 아닌 열린 교회로 발전시켰다. 1919년 3·1운동에 한국교회가 주도적으로 참여할 수 있었던 것도 초대교회에 열린 분위기가 있었기 때문이라고 하겠다. 한국 초대교회가 당시 사회의 멸시를 당하던 서민층을 끌어안고, 동시에 1905년 을사늑약 이후 민족의 자주적 독립 문제를 고민하였기 때문에 많은 사람들이 교회를 찾아 나왔다고 하겠다. 그러나 3·1운동 이후 한국교회는 오히려 제도화되고 교리 중심의 교회로 정착되면서 보수화의 길을 걷게 된 것으로 보인다.

오늘날의 교회와 목회자들의 리더십은 대체로 보수적이고 개혁성이 결여되어 있는 것 같다. 2006년 5월에 발표된 통계청 종교인구변동조사에서 개신교가 마이너스 성장을 했다는 데 충격을 받았는데, 특히 천주교의 급속한 성장과 비교되는 점에서 더욱 놀라웠다.

천주교가 성장한 원인에 대해서 오경환 신부는 다섯 가지를 들었다. ① 천주교회의 결속력 ② 천주교회의 청렴성 ③ 천주교회의 정의와 인권활동 ④ 조상제사와 장례예식에 대한 유연한 태도가 그것이다.[2] 천주교가 내세운 이 다섯 가지 요인은 천주교회에 대한 사회인식에 그대로 반영이 된 것 같다. 특히 정의와 인권활동 그리고 제사에 대한 유연한 태도 등에서 천주교 리더십의 개혁성 혹은 진취성, 개방성을 엿볼 수 있다.

한국 개신교는 그런 면에서 일치된 면모를 보여주지 못하고 일부에서는 개혁적인 리더십으로 사회 문제에 대응한 반면 다수 교

---

[2] 목회사회학연구소 주관 세미나 자료집, pp. 6-14.

회는 사회문제를 외면한 채 교회 성장에만 몰두하였다. 그 결과가 통계청 수치로 나타난 것이라고 하겠다. 교회 성장은 단순히 열심 있는 개인전도에만 의존하지 않고 그 사회에서 교회가 어떤 리더십을 발휘하느냐와 밀접하게 관련되어 있다고 볼 수 있다. 오늘 교회의 리더십에 개혁성, 개방성이 요구되는 이유이다.

3. 영성

초대 목사들의 리더십의 세 번째 특성은 영성이다. 세 분 목사의 리더십의 특성은 무엇보다 영성에 있다. 그러나 세 분의 영성이 다 같은 성격을 가진 것은 아니다. 우선 영성이 무엇이냐를 정의할 필요가 있다. 은준관은 그의 《신학적 교회론》에서 "역사 안에 지금도 임재하는 하나님 나라, 하나님의 통치, 하나님의 역사의 뜻을 분별하는 신앙"을 영성이라고 하였다.[3]

이런 정의를 따른다면 한석진의 영성이 바로 여기에 해당한다고 보겠다. 그는 길선주처럼 매일 정한 시간에 기도하며 성경을 수백 독 하는 개인적 영성을 지니지는 않았다. 앞서 지적한 것처럼 그는 흡연이나 음주에 자유로웠다. 그의 이런 생활 자세만 보면 그에게 아무 영성도 없는 것처럼 보였을지 모르겠다. 그러나 그는 그의 짧은 글 "합일론"에서 본 것처럼 하나님 나라에 대한 정확한 이해를 가지고 있었으며, 누구보다도 그 시대를 내다보았고, 남녀의 평등을 실천하고, 민족의 자주성을 주장하였다.

---

[3] 은준관, 《신학적 교회론》, p. 450.

1925년 모트 초청간담회에서 선교사들을 향하여 떠나라고 한 주장, 그리고 일제의 〈종교법안〉 반대투쟁 등 그가 주장하거나 행한 일들이 당시의 역사에 나타난 하나님의 뜻이었음을 알 수 있다. 이와 같이 볼 때 그의 영성은 단연 돋보였고, 그의 영성이 그를 초기의 뛰어난 교회 지도자로 우뚝 서게 만들었다.

이기풍의 영성은 한석진과는 다르게 그리스도를 닮으려는 신앙에서 찾아볼 수 있다. 차종순 교수의 글에서 지적한 대로 그는 낮은 곳을 향해 끊임없이 자기를 비운 영성의 소유자라 하겠다. 교권의 중심을 향해 올라간 것이 아니라 소외된 지역을 찾아 내려간 그의 신앙은 누구나 쉽게 따를 수 있는 영성이 아니다. 그리고 그는 "항상 진리에 바르게 서려는 마음, 하나님께 충실하려는 마음"으로 일생을 일관하였는데, 바로 이 마음이야말로 진정한 영성이라 할 수 있을 것이다.

영성이 하나님의 영 안에 있는 삶과 하나님의 영과의 살아 있는 교제를 뜻한다고 정의할 때, 길선주는 단연 이런 영성에서 누구보다 앞섰다고 하겠다. 길선주는 기도와 성경 독송으로써 하나님의 영 안에서의 삶과 하나님의 영과의 살아 있는 교제를 일평생 줄기차게 이어왔다.

이러한 영성은 그의 개인적인 신앙으로 끝나지 않고 1907년을 전후한 부흥운동을 주도함으로써 한국교회의 신앙 형성에 결정적인 영향을 끼쳤음을 부인할 수 없을 것이다. 그는 세계교회사에 유례가 없는 새벽기도의 전통을 심어 주었고, 또한 사경회를 통해 성경을 강독하고 독송하는 전통을 물려주었다. 그러나 허호익 교수는 그의 논문 "영계 길선주 목사의 영성신학"의 결론 부분에서 다음과 같이 말하고 있다.

> 길선주의 영성신학은 한국적 색채가 농후한 것이 사실이며, 재래종교와 문화의 영성에 대한 개방적인 태도를 보여 주긴 하였지만, 영성의 사회적·정치적 측면이 약화된 점을 지적하지 않을 수 없다. 사경회를 통해 전개된 심령대부흥운동은 개인의 내면적·도덕적 회심에 목표를 두어 영적 투쟁을 통한 기독교의 신생의 삶을 촉구하였으나, 그 열정이 '고통당하는 사람들과 연대하는 삶(compassion)과 이러한 삶을 부정하는 세력에 대항하고 투쟁하는 삶(combat)'으로 승화되지 못하여 결국 독립운동에 소극적이었던 것은 아쉬움으로 남는다. 그리고 그가 말세론에 치중하여 시한부 종말론의 경향을 드러내 보였으나, 가난과 무지와 일제의 정치적 억압에 짓눌려 삶의 열정과 미래에 대한 소망을 상실한 민중들에게 내적 영적 투쟁 의지를 자극하고 삶의 열정을 불러일으킨 것과 불의한 세력에 대한 하나님의 최후의 심판을 강조함으로써 궁극적인 미래에 대한 새로운 희망을 제시한 긍정적인 면이 있음을 간과해서는 안 될 것이다. 그럼에도 불구하고 그의 개인적이고 종말론적인 영성이 지닌 한계는 오늘날 한국교회가 해결해야 할 영성의 과제이기도 하다. [4]

오늘날 시대적 상황이 급격하게 변동하는 가운데 이 속에서 하나님의 뜻을 찾아내고 분별하기가 더욱 어려워졌다. 여기에 한석진 목사의 영성이 필요한 이유가 있다. 한국교회가 앞서 이 시대

---

4) 인터넷 자료 참조.

를 분별하지 못하고 항상 뒤늦게 역사의 변동을 깨닫거나 아니면 그 역사의 변동과 무관하게 오로지 개교회 목회에만 집착하다 보니 결국 이 사회를 향하여 교회의 지도력을 발휘할 수 없었다. 한국교회를 이끌 리더십은 '개개인의 경건이나 신앙적 결단과 역사 도피적 성격을 넘어서서, 나와 너, 나와 역사 안에 지금도 임재하는 하나님 나라, 하나님의 통치, 하나님의 뜻을 분별하는' 영성을 갖출 때 올바로 세워질 것이다.

하나님께 충실하면서 그리스도를 본받아 낮은 곳으로 내려가려는 이기풍의 영성은, 모두가 높은 곳을 향하여 올라가려는 오늘의 목회자들이 깊이 반성하고 받아들여야 할 영성이다. 한국교회 목회자들이 대교회를 지향하는 교회 성장의 욕구를 버리고, 소외된 지역, 낙후된 지역 그리고 가난한 이웃들을 찾아 내려갈 때 기독교가 우리 사회에서의 영적 지도력을 회복할 수 있을 것이다.

끊임없는 기도를 통한 자기 수련과 성경에 대한 깊은 이해와 통찰력을 바탕으로 한 길선주의 영성은, 모든 시대를 관통하여 경건한 기독교인들 특히 목회자들이 간직해야 할 기본 영성이라 하겠다. 관상기도를 비롯한 끊임없는 기도의 훈련과 성서의 바른 해석을 위한 깊은 신학적 연구는 오늘의 한국교회를 개혁하고 그 교회가 직면한 위기를 극복할 수 있는 대단히 중요한 영성을 형성하게 할 것이다. 이런 내적 영성 없이 교회 성장만을 위한 프로그램이나 목회방법론으로 교회를 이끌고자 하는 오늘의 목회자들 때문에 한국교회는 점점 그 영향력과 지도력을 잃어가고 있다.

나가는 말

　이기풍, 한석진, 길선주 세 목사의 목회 리더십의 특성으로 통전성과 개혁성 그리고 영성을 들었다. 이런 세 특성이 뚜렷하게 구별되는 것은 아니고 서로 상통하거나 중복되기도 하지만 목회 리더십에 있어 대단히 중요한 요소임에 틀림없다. 우리가 흔히 오늘의 교회를 개혁하고자 할 때 신약성서의 초대교회로 돌아가자고 하지만, 멀리 갈 것 없이 우리의 역사에 중요한 시발점이 되었던 초대교회로 돌아가 그 교회를 세우고 이끌었던 초대 목사들의 신앙과 사상과 삶이 배어 있는 목회 리더십을 오늘에 올바로 복원할 수 있다면 한국교회가 새로워지며 과거에 가졌던 영향력과 권위를 회복할 수 있을 것이다.

판권
소유

장로교 최초 7인 목사 리더십

2010년 8월 25일 인쇄
2010년 9월 1일 발행

지은이 | 김수진 · 차종순 · 임희국 · 정성한 · 탁지일
발행인 | 이형규
발행처 | 쿰란출판사

주소 | 서울 종로구 이화동 184-3
TEL | 02-745-1007, 745-1301~2, 747-1212, 743-1300
영업부 | 02-747-1004, FAX / 02-745-8490
본사평생전화번호 | 0502-756-1004
홈페이지 | http://www.qumran.co.kr
E-mail | qumran@hitel.net
　　　　　qumran@paran.com
한글인터넷주소 | 쿰란, 쿰란출판사

등록 | 제1-670호(1988.2.27)

책임교열 | 오완 · 김윤이

값 9,000원

ISBN 978-89-5922-988-8　93230

* 이 출판물은 저작권법에 의해 보호를 받는 저작물이므로 무단 복제할 수 없습니다.
　잘못된 책은 교환해 드립니다.